Angie Pfeiffer

Menschen(s)kinder

Angie Pfeiffer

Menschen(s) Kinder

Geschichten über große und kleine Kinder

Deutsche Erstausgabe 2015
© by Angie Pfeiffer
Covergestaltung phoch3
Copyright-Hinweis:
Die Texte sind urheberrechtlich geschützt.
Nachdruck und Vervielfältigungen, auch aus-
zugsweise, bedürfen der schriftlichen Zustim-
mung der Autorin.
Herstellung und Verlag:
BoD – Books on Demand, Norderstedt
ISBN 978-3-7392-0415-4

Die Protestierten

Wollen wir wetten

Kaperfahrt

Das schönste Geschenk

Italienische Momente

Emma, Tim und das Monster

Es war doch erst gestern

Der Führerschein

Wohnungswechsel

Die Ameisenzucht

Wohin die Reise geht

Demolition Man

Alles ganz easy

Menschenskinder

Die Schwiegermutterrede

Fernweh

Der Apfeldieb

Kuchen im Lodenmantel

Ein Groschen für den Ringelschwanz

Gelsenkirchener Barock

Kindheitserinnerung

Der kleine Baum - für Lia

Die Protestierten

„Sind wir bald da?", ungeduldig zappelte Luca auf seinem Sitz hin und her. Sein Bruder, Stefan, kicherte. „Das hat der Esel neulich bei Shrek auch immerzu gesagt. Aber er hat noch so gemacht." Stefan steckte einen Finger in den Mund und erzeugte so ein schmatzend-knallendes Geräusch. Sein Bruder tat es ihm gleich.

Nach einer Weile drehte sich Maria entnervt um. „Das klingt toll, aber nur im Film. Könnt ihr jetzt damit aufhören, Jungens? Schaut euch doch mal die Gegend an."

„Die Gegend ist langweilig, Mama. Wann sind wir denn am Meer? Ich will schwimmen."

„Bald, nur noch eine kleine Weile."

Etwas später:

„Guck mal, da stehen lauter Frauen rum. Jetzt sind wir bald am Meer, die wollen bestimmt auch schwimmen gehen." Luca wies auf ein paar leicht bekleidete Damen, die am Straßenrand standen.

„Ein paar Kilometer müssen wir noch fahren", klärte der Vater auf. „Die Mädel sind aus anderen Gründen so dünn angezogen."

„Warum denn, Papa?"

„Ja, also ... gute Frage."

Maria musterte ihren Mann amüsiert. „Aus der Nummer musst du jetzt mal rauskommen, mein Lieber."

„Warum, Papa? Ist denen so warm?"

„Genau, die schwitzen so leicht", erleichtert gab der Vater seinem jüngsten Sohn Recht. Stefan runzelte nachdenklich die Stirn. „Ich glaube, das sind Protestierte."

„WAS?"

„Ja, der Kevin hat da neulich in der großen Pause von erzählt. Er ist mit seinen Eltern wo hin gefahren, und da stand so eine. Sein Papa hat gesagt, dass sie viel Geld verdient, weil sie toll aussieht, und seine Mama hat gemeckert und gefragt, woher er das denn weiß. Da hat Kevins Papa gestottert und die Mama hat ganz viel mehr gesagt und dann nix mehr. Das war jedenfalls eine Protestierte, sagt Kevin." Stefan nickte energisch.

„Also wirklich, und so etwas in der ersten Klasse. Wir früher..."

Du, Mama", Stefan stoppte die Ausführungen seiner Mutter. „Was arbeiten die Protestierten denn, wenn sie so viel Geld verdienen?"

„Es heißt Prostituierte und die Frauen verdienen so viel auch nicht."

„Aber was arbeiten die denn?", meldete sich Luca zu Wort.

Maria warf ihrem Mann einen hilflosen Blick zu. „Sag du doch auch mal was!"

Der gab einen erstickten Laut von sich, der einem krampfhaften unterdrückten Lachen ziemlich ähnlich klang. „Erklär du das mal lieber. Das machst du ganz fantastisch, Schatz."

„Feigling! Ja, also, diese Frauen, die stehen dort und warten auf Männer."

„So wie du immer mit dem Essen auf Papa wartest, wenn er mal länger arbeiten muss?"

„Nicht so", Maria überlegte einen Augenblick. „Es gibt Männer, die wollen Liebe haben und dann gehen sie zu diesen Frauen und geben ihnen Geld dafür."

„Haben die Männer denn keine Mama die sie lieb hat?", fragte Luca nachdenklich.

Sein Bruder stieß ihm in die Rippen. „Mensch, Luc, du bist ja doof. Die Männer wollen bestimmt so knutschen, wie Papa und Mama das manchmal machen, wenn sie meinen, dass wir es nicht merken."

Maria wechselte einen Blick mit ihrem Mann, der sie breit angrinste. „So, so, wir knutschen also heimlich", flüsterte er, fasste ihre Hand und hauchte ihr einen Kuss auf den Handrücken. Maria lächelte ihn an.

„Jetzt sag schon, Mama, wie viel Geld kriegt denn so ne Protestierte von den Männern."

Stefan interessierte immer noch die finanzielle Seite.

Seine Mutter zuckte die Schultern. „Ach ich weiß nicht, vielleicht 50 Euro."

„Oder vielleicht auch 100?", fragte Stefan.

„Ja, vielleicht auch 100, das wäre auch möglich."

Schweigen.

„Sag mal, Mama", fragte Luca nach einer Weile. „Würdest du gerne eine Protestierte sein und auch so viel Geld verdienen?"

„Aber nein, das möchte ich ganz bestimmt nicht."

„Auch nicht, wenn du immer 100 Euro kriegen würdest?"

„Nein, auch dann nicht!"

„Und 200 Euro?"

„Nei-hein, und überhaupt bin ich ja mit Papa verheiratet!"

„Und wenn du jetzt nicht mit Papa verheiratet wärst, und nicht heimlich mit Papa knutschen könntest?"

„Auch dann nicht, ich will so etwas überhaupt nicht machen!"

„Aber wenn du das jetzt doch mal machen würdest, wie viele Euro würdest du nehmen?"

„Na gut, also dann würde ich mindestens tausend Euro nehmen."

Wieder runzelte Stefan die Stirn, ein Zeichen für intensives Nachdenken. „Weißt du, Mama. du bist ja schon ziemlich alt. Ich glaube nicht, dass du so viele Euro kriegen könntest."

„Schaut mal, da hinten ist das Meer. Wir sind fast da."

3 Wochen später:
Meine Urlaubsgeschichte, Aufsatz von Stefan
Wir wollten im Urlaub zum Meer fahren. Auf der Fahrt dort hin haben wir viele Protestierte gesehen. Die haben herum gestanden und auf

Männer zum Knutschen gewartet. Mama hat gesagt, dass sie auch mal knutschen möchte, aber eigentlich nur mit Papa. Aber wenn sie Papa nicht hätte, dann würde sie bestimmt viel Geld verdienen. Mindestens tausend Euro. Das glaube ich nicht, weil Mama schon ziemlich alt ist. Papa hat gar nichts gesagt, aber komisch gekichert.

Wollen wir wetten

„Wetten, das traust du dich nicht!" Rolf schaute seinen jüngeren Cousin triumphierend an, während er die Milchkanne mit Schwung einmal um die eigene Achse kreisen ließ, ohne auch nur einen Tropfen zu vergießen.

„Um was wetten wir?" Rudi wog blitzschnell das Für und Wider ab. Einerseits traute er sich wirklich nicht, die deckellose Kanne durch die Luft zu schwenken, andererseits wollte er das ganz bestimmt nicht zugeben. Rolf, zwei Jahre älter als er, ließ ihn sowieso immer die Überlegenheit des Alters spüren. Rolf musterte ihn kurz. „Schokoladenzigaretten", schlug er vor. „Der Verlierer zieht am Automaten eine Packung Schokoladenzigaretten und die darf der Gewinner dann ganz allein aufrauchen."

„In Ordnung, die Wette gilt!" Rudi versuchte cool aus der Wäsche zu gucken, obwohl ihm gar nicht wohl bei dieser Geschichte war. Er packte die Milchkanne fester und schwenkte sie probehalber hin und her. Der Inhalt schwappte bedrohlich.

„Pah, ich wusste es! Du traust dich sowieso nicht", gab Rolf sich selbstsicher. Diese Bemerkung hätte er lieber nicht machen sollen, denn, bei seiner Ehre gepackt, schwenkte Rudi die Kanne so schnell wie möglich, um sie einmal kreisen zu lassen. Leider war das nicht schnell genug und die Milch ergoss sich zum größten Teil über ihn.

„Mist, das gibt Ärger." Rudi stand da wie der sprichwörtliche begossene Pudel und schien den Tränen nahe. Sein Cousin, dem die ganze Aktion leid tat, schlug ihm freundschaftlich auf die Schulter. „Das habe ich nicht gewollt. Wenn du möchtest, dann komme ich mit zu Tante Grete und erkläre ihr, wie das passiert ist und das alles meine Schuld war."

„Ach nö, das brauchst du nicht. Ich erzähle meiner Mutter einfach, dass ich gestolpert und hingefallen bin. Ich schmiere mir etwas Dreck ins Gesicht, dann wird sie mir schon glauben." Der kleine Rudi war wirklich einfallsreich, das musste Rolf zugeben. „Ist gut, jedenfalls hast du die Wette gewonnen. Wir treffen uns dann nachher und ich ziehe die Zigaretten für dich."

„Na, gab's großen Ärger?" Rolf musterte seinen Cousin besorgt, doch der kam pfeifend um die Ecke geschlendert. „Ach was, meine Mutter war zwar erst sauer über die verschüttete Milch, aber sie hat sich ganz schnell wieder eingekriegt. Was ist jetzt mit dem Wetteinsatz?"

So trabten die beiden ins Dorf, zu Huwalds Lebensmittelladen, denn dort gab es die Attraktion schlechthin; zwei nagelneue Automaten.

Hubert Huwald, der findige Betreiber des einzigen Geschäftes im Ort hatte die Zeichen der Zeit erkannt und aufgerüstet. Mithilfe der Automaten konnte man auch außerhalb der Geschäftszeiten Zigaretten und Süßigkeiten bei ihm erwerben. Gerade die Dorfjugend nahm das Süßigkeitenangebot gern und oft in Anspruch. Die Schokoladenzigaretten waren der Renner schlechthin, die Automaten erwiesen sich als Goldgrube.

Rolf warf 50 Pfennig ein und kurbelte emsig an der Drehscheibe, mit deren Hilfe man seine Auswahl traf. Mit einem Plumps fielen die Zigaretten in die Auffangrille und Rudi griff zu. Einen Moment lang stutze er, denn die Packung fühlte sich merkwürdig weich an. Doch er dachte nicht weiter darüber nach, sondern wandte sich großmütig seinem Cousin zu. „Wir können uns die Packung teilen, das ist total in Ordnung. Schließlich sind wir ja Kumpel."

Rolf grinste ihn an. „Klar sind wir Kumpel. Komm wir gehen in unsere Bude, da haben wir unsere Ruhe vor meiner kleinen Schwester, der ollen Zecke. Nachher kommt die wieder und schnorrt."

„Die Bude", das war ein großer Ahorn ganz hinten in Rolfs Garten, um dessen Stamm vor langer Zeit eine Bank angebracht worden war. Nach und nach wuchs ein dichter Vorhang aus Zweigen um diese Sitzgelegenheit, sodass sich der Baum als ein hervorragender Abenteuerspielplatz anbot. Je nach Bedarf verwandelte er sich in ein Piratenschiff, eine Ritterburg oder in eine Schatzhöhle. Heute war er ein Geheimversteck.

Die Cousins pirschten sich von hinten über den Gartenzaun, immer darauf bedacht, sich nicht von Rolfs kleiner Schwester erwischen zu lassen. Einmal auf ihren Fersen, ließ sich Karin schlecht wieder abschütteln. Dieses Mal hatten sie Glück und schlichen sich unbemerkt in ihre Bude, wo Rudi langsam, seine Vorfreude auf die tollen Schokoladenzigaretten auskostend, die Packung öffnete. „Urks", er schloss sie schnell wieder.

„Was ist jetzt los? Spinnst du?" Rolf sah seine Felle davon schwimmen. „Du hast gesagt wir teilen!"

„Ja, schon", kam es gedehnt zurück. „Aber das hier sind RICHTIGE Zigaretten!"

Schnell griff Rolf nach der Packung. „Echt? Zeig mal her", und nach einem überzeugenden Blick. „Ach du jemine, was machen wir denn jetzt?"

Rudi zuckte die Schultern. „Zurück in den Automaten tun können wir sie nicht mehr. Übrigens ist die Packung ja auch schon offen.

Dann kriegen wir die 50 Pfennig nicht mehr zurück."

„Eben, das ist mein halbes Taschengeld für die Woche", überlegte Rolf weiter. „Verwahren können wir sie auch nicht. Wenn meine Eltern richtige Zigaretten bei mir finden, dann kriege ich Senge."

„Was meinst du, wie meine Mutter ausflippt. Ich nehme die Zigaretten auch nicht mit nach Hause."

Die beiden brüteten eine Weile vor sich hin. Plötzlich schnipste Rolf mit dem Finger. „Ich hab's! Wir rauchen die Dinger einfach, dann sind sie weg und keiner kann sich mehr aufregen. Fünf Zigaretten, das schaffen wir locker! Hier war doch Feuer …", er tastete unter der Bank herum und zog triumphierend eine Schachtel mit Streichhölzern hervor.

Bald saßen die Cousins vor sich hin paffend nebeneinander. Rudi stellte enttäuscht fest, dass seine Zigarette überhaupt nicht schmeckte. Er hatte es sich immer großartig vorgestellt, endlich alt genug zu sein, um rauchen zu können, doch jetzt kratzte der Rauch in der Kehle und auf seiner Zunge machte sich ein unangenehmer Geschmack breit. Verstohlen schielte er zu Rolf, der angewidert das Gesicht verzog, während er angestrengt an seiner Zigarette nuckelte.

Plötzlich raschelte es. Ehe die beiden ihre Glimmstängel verschwinden lassen konnten, stand Rolfs Schwester vor ihnen. Der stöhnte gequält auf. „Die Zecke! Du hast mir auch noch gefehlt."

Karin ließ sich nicht vertreiben. „Was macht ihr denn hier … boh, Zigaretten." Sie schien gebührend beeindruckt zu sein. Allerdings hielt dieser Zustand nur kurzfristig an, denn sie steckte begehrlich eine Hand aus. „Entweder ich kriege auch eine, oder ich sag's der Mama."

Rolf, der seine kleine Schwester gut genug kannte, drückte ihr seine angerauchte Zigarette in die Hand. „Aber wehe du kackst dir in die Hose", brummelte er. Vorsichtig nahm Karin einen Zug und bekam prompt einen Hustenanfall. Rudi klopfte ihr auf den Rücken, weshalb die Drei nicht bemerkten, dass sich ein weiterer Cousin in das Versteck schlich. Auch Otfried zeigte sich beeindruckt. „Echte Zigaretten", murmelte er ehrfürchtig. „Wo habt ihr die denn her?"

Auf die Erklärung der Jungen hin kramte er in seinen Hosentaschen. „Hier habe ich noch 50 Pfennig, ich laufe gleich los und besorge noch welche."

Bald darauf tauchte Otfried wieder auf, zwei Packungen Zigaretten in der Hosentasche und zwei weitere abenteuerlustige Kumpel im Schlepptau. „Die beiden haben auch noch 50 Pfennig zusammengekratzt."

So saß die Dorfjugend bald einträchtig und gut beschirmt unter dem Baum und frönte dem

Tabakkonsum. Allerdings währte das muntere Treiben nicht lange, denn plötzlich teilte sich der Vorhang aus Zweigen.

Rolfs und Rudis Eltern glaubten ihren Augen nicht zu trauen. Von einem Nachbarn alarmiert, der aufgrund der Qualmwolken welche unter dem Ahorn hervorquollen, einen Brand vermutete, waren sie ausgerückt, um zu löschen. Nun wähnten sie sich in einer chinesischen Opiumhöhle.

„Rudi, das hätte ich wirklich nicht von dir erwartet."

Der so Gescholtene ließ schnell seine Zigarette verschwinden und versuchte entsprechend zerknirscht zu gucken, was ihm nicht schwerfiel. Eigentlich war er froh nicht weiter rauchen zu müssen, ihm war schon ganz schlecht.

Nach einer gehörigen Abreibung beschloss er, seine gerade gestartete Karriere als Raucher ein für alle Mal zu beenden.

Kaperfahrt

„Das ist aber ein kleines Boot", sagte Luk, während er die Badewanne skeptisch musterte. „Na ja, eigentlich badet meine Mutter meinen kleinen Bruder darin", antwortete Tomte. „Aber sie ist gut geeignet. Du wist schon sehen. Die Ränder sind so hoch, dass garantiert kein Wasser rüberkommt. Paddel habe ich uns auch mitgebracht." Stolz wies er auf zwei Zaunlatten.

Die Freunde hatten letztens zusammen einen Piratenfilm angeschaut und wollten jetzt eine Kaperfahrt auf dem Nonnenbach, einem kleinen und seichten Gewässer am Dorfrand unternehmen. Dazu hatte Tomte sich die Badewanne seines kleinen Bruders ausgeliehen.

„Wir können es ja mal probieren. Wenn wir uns beide hinstellen, dann passen wir bestimmt rein", stellte Luk fest.

So ließen die Jungen ihre Piratenwanne zu Wasser, wobei sie feststellten, dass der Stöpsel fehlte. Schnell zogen sie die Wanne wieder an Land.

„Das macht nichts. Ich setzte mich einfach auf das Loch, dann bin ich der Stöpsel und halte das Wasser ab", wusste Tomte sich zu helfen, setzte sich kurzerhand hin und hielt die Zaunlatten griffbereit. „Du musst das Boot jetzt nur noch in den Bach schieben und schnell reinspringen."

„Meinst du?", fragte Luk und kratzte sich den Kopf. „Was ist, wenn du nicht dicht hältst? Oder wenn ich nicht schnell genug springe?"

„Jetzt komm schon, wir sind Piraten und gehen auf große Fahrt", munterte Tomte seinen Freund auf. „Und unser Boot ist garantiert unkaputtbar."

Also nahm Luk Anlauf und gab der Wanne einen beherzten Schubs. Die machte einen gewaltigen Hopser und landete ein Stück weit im Bach. Wieder kratzte sich Luk den Kopf. Wie sollte er jetzt in das Boot kommen, ohne nasse Füße zu kriegen? Das Wasser war bestimmt so tief, dass es ihm in die Gummistiefel laufen würde, wenn er zum Boot hinaus watete. Hilflos schaute er zu seinem Freund hinüber, der damit beschäftigt war, das schwankende Schiff auf Kurs zu bekommen.

„Warte, ich hole dich. Du kannst mir ja schon entgegenkommen." Tomte paddelte eifrig mit einer Zaunlatte. Mit einiger Mühe gelang es ihm tatsächlich das Boot etwas näher ans Ufer zu manövrieren. Luk, der vorsichtig ins Wasser gestiefelt war, bekam es zu packen und hielt sich am Rand fest. Jetzt musste er nur noch ins Boot hineingelangen. Er hob das Bein und versuchte es über den Rand zu bekommen, was den Kahn gefährlich ins Schlingern brachte.

„Vorsicht, sonst kentern wir", schrie Tomte, dann hatte er eine Idee. „Mann über Bord! Es wimmelt vor Haien, wir müssen ihn retten bevor er aufgefressen wird. Werft ihm den Rettungsring zu", mit diesen Worten hielt er seinem Freund eine Zaunlatte hin, die Luk mit beiden Händen ergriff. Er schaute um sich. Tatsächlich schäumte das Wasser um ihn herum verdächtig weiß. Es schien von Haifischen nur so zu wimmeln. „Hilfe, sie kreisen mich ein und Piranhas sind auch dabei", rief er. „Schnell, zieh mich aufs Boot." Wieder versuchte er über den Rand zu gelangen, was das Boot gewaltig schlingern ließ. „Vorsicht, sie greifen uns an. Sie wollen unser Schiff versenken und uns alle fressen."

„Ja genau, wir müssen sie verjagen." Tomte schlug mit einem Zaunlattenpaddel aufs Wasser. Luk ergriff mutig das andere Paddel und tat es ihm gleich. Damit schienen die schrecklichen Ungeheuer nicht gerechnet zu haben, denn nach einiger Zeit war kein einziges mehr zu sehen. Tomte ließ das Paddel sinken. „Wir haben sie besiegt", strahlte er.

Luk nickte. „Dann kann ich jetzt in Ruhe einsteigen. Ich ziehe das Schiff nur noch etwas näher ans Ufer, damit das leichter geht." Er machte sich gleich daran und hatte das Boot bald ganz nah am Ufer. Von hier aus war alles einfach. Er brauchte nur einen großen Schritt zu machen und schon stand er mitten im Boot. „Das ist aber wackelig", stellte er fest, während er versuchte das Gleichgewicht zu halten. „Stimmt", bekräftigte sein Freund diese Feststellung. „Und übrigens bin ich unten rum ganz nass. Ich tauge doch wohl nicht so gut als Stöpsel." Er wies auf seine nasse Hose.

„Macht nix, oben rum bist du auch nass, weil wir die Monsterfische bekämpft hast", stellte Luk fest. „Vielleicht sollten wir die Plätze tauschen. Ich setzte mich auf das Loch und du stellst dich hin und hältst Ausschau nach feindlichen Schiffen, die wir kapern können."

Tomte nickte zustimmen. „Oder nach noch anderen Monstern. Es gibt auch noch See-schlagen. Die sind riesengroß. Das habe ich neulich in einem Buch gesehen." Er versuchte vorsichtig sich hochzustemmen, ließ sich aber schnell wieder auf den Allerwertesten plump-sen, denn das Boot geriet gefährlich ins Schwanken, was Luk um ein Haar über Bord gehen ließ.

„Ich habe eine Idee", schlug Luk vor. „Ich setzte mich erst mal hin, dann stehst du auf. Kannst du deine Beine noch mehr einziehen? Sonst habe ich keinen Platz." Er setzte seinen Gedanken gleich in die Tat um, fasste rechts und links fest an den Rand des Bootes und ließ sich vorsichtig in die Hocke sinken. Tomte zog die Beine an, so gut es ging. „Mehr kann ich nicht", japste er. „Setz dich jetzt hin. Auf ‚drei' stehe ich auf und du rutscht ganz schnell auf das Loch." Er holte tief Atem. „Fertig? Eins – zwei – drei ..."

Nun geschahen mehrere Dinge gleichzeitig: Tomte stand mit einem Ruck auf, Luk ver-suchte gleichzeitig auf das Loch zu rutschen.

Das Boot geriet in Schieflage und kippte um. Mit einem gewaltigen Platsch landeten die beiden Jungen im Wasser. Sie prusteten. Zum Glück war der Nonnenbach nicht breit und sie sowieso nicht weit vom Ufer entfernt. So waren sie ruck- zuck auf allen Vieren aus dem Wasser gekrabbelt.

„Mist, jetzt ist unser Boot wohl gekentert", stellte Tomte fest.

„Ich hab es dir ja gleich gesagt, es ist zu klein für uns beide", sagte Luk, zog sich die Gummstiefel aus und kippte sie um, damit das Wasser aus ihnen herauslief. „Ich glaube wir sollten jetzt lieber nach Hause gehen, wir sind ganz schön nass geworden."

„Stimmt." Tomte stiefelte noch einmal in den Nonnenbach und rettete das Badwannenboot.

„Wir gehen erst einmal in unsere Garage. Da können wir die Heizung anmachen und unsere Sachen trocknen. Die Wanne müssen wir auch noch sauber machen."

Luk nickte ihm aufmunternd zu. „Klar, das machen wir. Nachher kriegst du noch Ärger, wenn deine Mutter deinen kleinen Bruder baden will. Das nächste Mal probieren wir es mit einem größeren Boot, einem ohne Loch."

„Ja, ein größeres Boot muss es schon sein", stimmte ihm Tomte nachdenklich zu. „Aber wenn das doch ein Loch haben sollte, dann bringe ich meinen kleinen Bruder mit, damit er sich draufsetzt. Ich glaube, der ist als Stöpsel besser geeignet als ich."

Das schönste Geschenk

„Die alte Hexe sitzt schon wieder vor ihrem Haus. Sicher wartet sie auf uns, damit sie schlimme Sachen sagen kann." Verzagt nahm Kathi Tims Hand. Bevor ihr Zwillingsbruder sich aus dem Griff befreite, drückte er ihr beruhigend die Finger. Er war zwar nur fünfeinhalb Minuten älter als Kathi, hatte aber einen ausgeprägten Hang dazu, seine Schwester zu beschützen. „Wir rennen einfach schnell vorbei. Ehe sie den Mund aufgemacht hat, sind wir schon weg", entschied er und machte sich startklar.

Der Schulweg führte die Geschwister jeden Tag am Haus der alten Frau Küdde vorbei. Wenn das Wetter es eben zuließ, saß diese auf einer Bank vor ihrem Haus, beobachtete die Straße und gab zu allem und jedem einen spitzen Kommentar ab. Besonders die Zwillinge hatten es ihr angetan. Bei jeder Gelegenheit überhäufte sie die beiden mit Schmähungen.

Tim rannte los und Kathi folgte ihm auf dem Fuße. Bestimmt wäre alles gut gegangen, Frau Küdde hätte keine Gelegenheit gehabt die beiden zu beschimpfen, wenn Kathi nicht gestolpert wäre. Sie schlug lang hin. Tim macht kehrt und half seiner Schwester auf die Füße, wobei er es sorgsam vermied, die alte Frau anzusehen.

„Da sieht man es wieder mal. Die Kinder heutzutage haben keinen Respekt. Sie grüßen nicht einmal, aber von euch ist nichts Anderes zu erwarten", ertönte Frau Küddes keifende Stimme. Tim sah ihr in die Augen. „Guten Tag, Frau Küdde. Es tut mir leid, aber ich muss meiner Schwester helfen. Sie hat sich wehgetan." Wirklich bluteten Kathis Knie, Tränen liefen ihr über das Gesicht.

„Pah, die stellt sich an. Ist überhaupt ein hässliches Mädchen, da machen die lädierten Knie auch nichts. Die würde nicht mal eine Matschnase verunstalten."

Wortlos drehte sich Tim um. Er stütze Kathi, die arg humpelte. Wieder erklang die schrille Stimme. „Keine Kinderstube. Ist ja klar. Der Vater Alkoholiker, hat sich davongemacht, bevor er sich im Suff vor einen Baum gefahren hat. Kein Wunder, eure Mutter treibt sich rum, hat sich schon immer rumgetrieben Lässt ihre Blagen den ganzen Tag allein."

Langsam wandte sich Tim der alten Frau zu, sein Gesicht war rot angelaufen. „Das stimmt überhaupt nicht. Mein Papa hatte einen Autounfall. Und meine Mama muss so viel arbeiten, sonst würde sie uns überhaupt nicht alleinlassen. Übrigens sind wir schon 12 Jahre alt und kommen gut allein klar."

Frau Küdde gab einen Ton von sich, der wohl ein Lachen sein sollte. „Ja sicher. Arbeiten nennt man das heute. Es sollte mich nicht wundern, wenn bald das Jugendamt bei euch vor der Tür steht. Dann kommt ihr in ein Heim", mit diesen Worten stand sie auf und humpelte in ihr Haus, wobei sie die Haustür kräftig zuschlug.

Der Junge stand für einen Augenblick reglos da, dann bückte er sich langsam und hob einen dicken Ast auf, der auf dem Bürgersteig lag.

„Tim, was hast du vor?", flüsterte Kathi angstvoll.

„Ich werd's ihr zeigen, der alten Schachtel", knurrte der Angesprochene. Er hob den Ast und hieb auf das Rosenbeet ein, das den Vorgarten zierte. „Mein Vater hatte einen Unfall und wir kommen niemals in ein Heim", schrie er immer wieder wie von Sinnen, während er weiter auf die Rosen einschlug und im Beet herumtrampelte. Er hörte erst auf damit, als sich keine einzige Blüte mehr an den schwer in Mitleidenschaft gezogenen Büschen befand. Keuchend warf er den Ast mitten ins Beet. „So, jetzt gehen wir nach Hause." Er legte einen Arm um die fassungslose Kathi.

In den nächsten Tagen sahen die Geschwister Frau Küdde nicht, wenn sie an ihrem Grundstück vorbeiliefen. Erleichterung machte sich trotz eines schlechten Gewissens breit. Konnte es sein, dass Tim bei seiner frevelhaften Tat nicht beobachtet worden war und unbeschadet davonkam?

Heute war Samstag und schulfrei. Die Mutter war zum Einkaufen gefahren und blieb länger als gewöhnlich weg. Als sie schließlich zu Hause eintraf, stellte sie die Einkäufe ab und wandte sich an die Kinder. „Ich muss mit euch reden. Mir ist zu Ohren gekommen, dass ihr den Vorgarten von Frau Küdde verwüstet habt. Das kann ich gar nicht glauben."

Die Kinder senkten die Köpfe. „Ich war das", murmelte Tim. „Kathi hat damit nichts zu tun. Sie ist hingefallen und konnte sowieso kaum laufen."

Seine Schwester nahm seine Hand. „Ich war das auch. Ich habe nämlich dabeigestanden und mich gefreut, dass Tim der alten Hexe eine Abreibung verpasst hat. Sie ist immer so ekelhaft und sie hat schlechte Dinge über Papa und dich gesagt. Und auch noch, dass ich eine Matschnase habe und wir bald in ein Heim kommen."

„Aber Kinder. Wie konntet ihr das nur tun. Frau Küdde ist alt und verbittert. Niemand besucht sie, keiner kümmert sich um sie, nicht einmal ihre Kinder. Deshalb ist sie manchmal so böse. Aber sie meint es eigentlich gar nicht so. Ihre Rosen waren ihr ganzer Stolz. Jetzt habt ihr das Beet zerstört. Wer weiß, ob sie im nächsten Jahr wieder austreiben. Im Übrigen können die Blumen nun wirklich nichts dafür. Sicher hat sie euch provoziert, trotzdem durftet ihr eure Wut nicht an den Blumen auslassen. Wie wollt ihr das wieder gutmachen?"

Die Zwillinge ließen die Köpfe hängen. So hatten sie die alte Frau noch nie gesehen. Ihnen war sie immer wie eine böse Hexe vorgekommen. „Vielleicht kann ich mich entschuldigen", sagte Tim zögernd. „Ja, und ich komme mit und entschuldige mich auch", erklärte Kathi. Die Mutter strich ihnen durchs Haar. „Das wäre ein Anfang. Wisst ihr was, wir gehen gleich los und erledigen das. Es ist ja nur eine Straße weiter."

„Das ist Hausfriedensbruch und Sachbeschädigung. Dafür kommt ihr ins Gefängnis und da lassen sie euch nie wieder raus", keifte Frau Küdde.
Nun, nun", wiegelte die Mutter ab. „So ist das auch wieder nicht, aber es war nicht richtig, was meine Kinder getan haben, obwohl Sie sie provoziert haben. "
Sie hatte Tim und Kathi beruhigend die Hände auf die Schultern gelegt. Die kleine Familie stand im Vorgarten, denn die alte Frau hatte sie nicht ins Haus gebeten.
„Meine Rosen sind zerstört", sagte diese jetzt in einem weinerlichen Tonfall. „Dabei war heuer die letzte Gelegenheit für mich, sie blühen zu sehen."
Kathi schaute Tim verblüfft an. Sollten die Rosenbüsche wirklich nicht mehr wachsen? Oder was meine die alte Frau sonst mit dieser Bemerkung?
„Leider können wir das nicht ungeschehen machen", sagte die Mutter bedauernd. „Aber vielleicht können Tim und Kathi etwas für sie tun? Als Wiedergutmachung."

Frau Küdde überlegte einen Moment, dann erhellte sich ihre Miene, soweit das möglich war. „Erst einmal können die beiden meinen Vorgarten aufräumen. Die toten Blüten liegen ja immer noch überall. Dann können sie jeden Samstag für eine Stunde kommen, um zu jäten. Sagen wir mal, bis das nicht mehr nötig ist. Das werden ihre Kinder ja wohl können, oder?" Die Mutter wandte sich ihren Kindern zu. „Was meint ihr? Ich finde es gerecht, wenn ihr das macht." Tim und Kathi nickten verzagt, denn der Gedanke, die böse Frau von jetzt an jeden Samstag zu ertragen war ihnen nicht geheuer.

So gingen die Zwillinge, wenn das Wetter es zuließ, Samstagnachmittags zu Frau Küdde und arbeiteten in ihrem Vorgarten. Derweil saß die alte Frau auf ihrer Bank und gab Anweisungen. Bei den ersten Malen zog sie in altbekannter Manie über die Zwillinge und ihre Eltern her. Sie ließ kein gutes Haar an den ihnen. Doch nach und nach stellte sie das Schimpfen weitgehend ein, hatte sogar Sprudel und Plätzchen bereitgestellt, wenn die Kinder zu ihr kamen. Manchmal, wenn Kathi unvermutet zu ihr hin sah, kam es ihr vor, als würde Frau Küdde sie und ihren Bruder leise lächelnd betrachten. Auch wenn die Zwillinge auf dem Nachhauseweg an ihrem Grundstück vorbeikamen beschimpfte sie die beiden nicht mehr so arg, sondern wies sie meistens nur darauf hin, dass sie den nächsten Samstag nicht vergessen sollten.

Der Winter kam, es gab nicht mehr im Garten zu tun. „Ein Glück. Jetzt müssen wir nicht mehr zu der alten Hexe hin", stellte Tim mit Genugtuung fest. „Wir sollten mit Mama reden, damit alles in Ordnung ist."

„Ich weiß, dass ich das nicht von euch verlangen kann, aber ich möchte euch darum bitten. Wir hatten ja darüber geredet, dass Frau Küdde allein ist, dass sie niemand besucht. Sie hat mich gebeten euch zu fragen, ob ihr weiterhin am Samstagnachmittag zu ihr kommt. Ihre Augen machen nicht mehr mit und sie würde sich freuen, wenn ihr etwas vorlesen würdet. Nur für eine Stunde", hier verstummte die Mutter.

Tim schüttelte energisch den Kopf. „Das will ich nicht machen. Übrigens ist am Samstagnachmittag mein Fußballtraining. Es war immer schwierig genug, noch rechtzeitig hinzukommen."

Die Mutter seufzte. „Ich kann dich ja verstehen. Trotzdem hätte ich mir gewünscht, dass ihr es macht."

„Ich mach das", ließ sich plötzlich Kathi vernehmen. Sie wusste selbst nicht, was in sie gefahren war, denn sie fürchtete sich immer noch vor der alten Frau und vermutete trotz allem, dass sie eine Hexe wäre. Gleichzeitig erinnerte sie sich an das stille Lächeln, mit dem Frau Küdde sie und ihren Bruder betrachtet hatte. „Wenn Tim das nicht will, dann gehe ich eben allein hin", bekräftigte sie ihre Worte. Tim sah sie mit offenem Mund an. „Spinnst du jetzt, oder was?"

Am nächsten Samstag klemmte sich Kathi ihr Lieblingsbuch unter den Arm. Sie war gerade im Begriff das Haus zu verlassen, als sie einen Stubser in den Rücken bekam. Tim stand hinter ihr. „Du glaubst doch nicht, dass ich dich alleine in das gruselige Hexenhaus lasse", erklärte er. „Nachher will die alte Schachtel dir was tun und keiner ist da, um dich zu beschützen."

So gingen die Zwillinge gemeinsam zu Frau Küdde. Zu ihrem Erstaunen war das Haus innen gar nicht gruselig, staubig und dunkel, sondern freundlich und hell. Frau Küdde führte sie ins Wohnzimmer, wo sie Kakao und Plätzchen bereitgestellt hatte. Sie bedeutete den Kindern, sich auf das Sofa zu setzen und nahm ihnen gegenüber in einem großen Ohrensessel platz. „So, jetzt könnt ihr mit dem Lesen anfangen", murmelte sie und schloss die Augen. Die Zwillinge lasen abwechselnd vor, tranken ihren Kakao und naschten von den Plätzchen. Als die Stunde vorbei war, öffnete Frau Küdde die Augen. „Ihr könnt jetzt gehen. Und vergesst nicht, in der nächsten Woche wiederzukommen, ihr Nichtsnutze."

Die Zeit verging, Weihnachten stand vor der Tür und Kathi hatte einen Gedanken, der ihr nicht mehr aus dem Kopf ging. Sie beschloss, darüber mit ihrem Bruder zu reden. „Mama hat doch gesagt, dass Frau Küdde allein ist und sich niemand um sie kümmert. Dann bekommt sie doch bestimmt auch kein Weihnachtsgeschenk. Was meinst du? Sollen wir ihr etwas schenken? Ich habe einen kleinen silbernen Engel gesehen, der ist total schön und kostet nur 3 Euro. Bestimmt freut sie sich darüber."

Tim zuckte die Schultern. „Meinst du? Wir können ja Mama fragen, ob sie uns Geld gibt. Ich bezahlte von meinem Taschengeld keinen komischen Engel für die alte Schachtel. Aber wenn Mama uns das Geld gibt, dann kaufen wir ihr ein Weihnachtsgeschenk."

An diesem Nachmittag kam die Mutter später als gewöhnlich von der Arbeit. Still nahm sie ihre Kinder in den Arm und drückte sie an sich.

„Mama, ist alles in Ordnung? Ich muss dich was fragen: Wir haben uns überlegt, dass wir Frau Küdde ein Weihnachtgeschenk kaufen. Sie bekommt bestimmt keins, weil sich ja niemand um sie kümmert", platzte Kathi heraus, verstummte aber abrupt. „Was ist denn los? Warum weinst du denn?"

Die Mutter lächelte unter Tränen. „Frau Küdde ist gestern Nacht gestorben. Das habe ich vorhin erfahren. Es ist lieb von euch, dass ihr ein Weihnachtsgeschenk für sie kaufen wolltet. Aber eigentlich habt ihr schon die ganze Zeit etwas verschenkt, dass man nicht kaufen kann:

Eure Zeit. Und das war das schönste Geschenk, dass ihr machen konntet."

Italienische Momente

„Aber ich will in den Ferien nicht zu Hause rumsitzen!" Lena stampfte entschlossen mit dem Fuß auf. „Alle in meiner Klasse fahren weg. Ich habe schon erzählt, dass wir, wie jedes Jahr, nach Italien fahren."
Die Mutter musterte sie streng. „Da bist du etwas voreilig gewesen, mein Fräulein. Wie oft soll ich dir noch erklären, dass wir uns in diesem Jahr keinen Urlaub leisten können. Papa hat seit Jahresbeginn Kurzarbeit, wir sind froh, dass wir über die Runden kommen. Ferien, pah!" Mit einem wütenden Schnauben drehte sich die Mutter um und ließ ihre Tochter einfach stehen.
Lena ließ den Kopf hängen, denn sie hatte sich sehr auf den Italienurlaub gefreut. Papa war in letzter Zeit häufiger zu Hause, doch davon, dass die Eltern kein Geld hatten, bemerkte sie nicht viel, denn sie hatte keine besonderen Wünsche. Außer natürlich in diesem Jahr den Urlaub wieder im Süden zu verbringen.
„Oma", schoss es ihr durch den Kopf. „Oma wird helfen!"
Ihre Großmutter wohnte ganz in der Nähe und wann immer Lena ein besonderes Problem

hatte, so ging sie zu ihr und schilderte ihre Notlage. Meistens wusste die alte Dame einen Ausweg. Selbst als die Zeugnisfünf in Mathe nicht mehr abzuwenden war, hatte Oma ihr mit Rat und Tat zur Seite gestanden. Sie hatte eine Weile auf dem Speicher herumgekramt, und während das Kind staunend die Speicherschätze bewunderte, hatte Oma plötzlich triumphierend eine Mappe über dem Kopf geschwenkt. In dieser Mappe befand sich Lenas Rettung in Form eines alten Schulzeugnisses der Mutter. Wie sich herausstellte, hatte Mama auch mal eine Fünf auf dem Zeugnis gehabt. Diesen Beweis hatte Oma ihrer Enkeltochter mit dem Tipp, ihn der Mutter zusammen mit dem aktuellen Zeugnis zu zeigen mitgegeben. Mama hatte sich das Lachen verkneifen müssen. „Deine Großmutter, das ist schon eine“, hatte sie gemurmelt. „Aber auf dem nächsten Zeugnis gibt es keine Fünf, gell! Ich habe mir auch nur einmal einen Ausrutscher erlaubt.“ Das versprach Lena und hatte ihr Versprechen bis jetzt gehalten.

Die Großmutter hörte sich den Kummer ihrer Enkeltochter an. Sie schwieg eine ganze Weile nachdenklich, schließlich seufzte sie. „Ach Kind, ich weiß, dass deine Eltern im Moment gerade mal so auskommen. Es war nicht zu erwarten, dass dein Papa kurzarbeiten muss. Ich würde euch den Urlaub schenken, aber das sitzt bei meiner kleinen Rente nicht drin. Aber vielleicht fällt mir noch etwas ein.“

Lena saß missmutig in ihrem Zimmer, obwohl die Sonne schien. Sie hatte keine Lust, ins Freibad zu gehen und trauerte immer noch dem Urlaub hinterher. Plötzlich öffnete sich ihre Zimmertür, die Mutter schaute um die Ecke. „Oma hat gerade angerufen, du sollst doch schnell einmal zu ihr rüberkommen. Sie hat da was für dich."

„Was kann das schon sein", grummelte Lena, aber sie war neugierig geworden und machte sich gleich auf den Weg.

Die Großmutter empfing sie in der Eingangstür. „Ciao Bella, come stai?"

Lena musterte ihre Oma verblüfft, denn sie sah ganz anders aus, als sonst. Sie trug einen roten langen Rock und eine gelbe Rüschenbluse. In ihrem weißen, sonst immer streng zurückgekämmten Haar steckte eine rote Rose. Ob Oma wohl krank war? Vielleicht hatte sie zu lange in der Sonne gesessen und hatte jetzt einen Sonnenstich? Lena hatte erst letztens gehört, dass so etwas sehr gefährlich war. Doch eigentlich sah die Großmutter ganz gesund aus, jedenfalls lächelte sie so glücklich, wie lange nicht mehr. Sie nahm ihre Enkeltochter bei der Hand und führte sie durch die Wohnung auf den Balkon. Bei dem Anblick, der sich ihr bot, verschlug es Lena die Sprache. Der kleine Balkon hatte ein Spalier bekommen, das über und über mit wildem Wein bewachsen war, an dem dicke Weintrauben hingen. Rechts und links von der Tür stand jeweils ein Orangenbäumchen, von dem appetitliche, kleine Früchte herabbaumelten. Unter dem Spalier stand eine gemütliche Bank mit einem kleinen Tisch davor.

„Aber Oma", stammelte Lena.

„Setz dich erst einmal hin, Bella", lächelte ihre Großmutter. „Was hältst du von einem Eisbecher? Den habe ich gerade aus der Eisdiele an der Ecke besorgt. Es wäre doch schade, wenn alles schmilzt. Mama hat mir die Alben von euren letzten Urlauben vorbeigebracht, die schauen wir uns anschließend an, wenn du möchtest. Vielleicht kannst du mir ein bisschen was darüber erzählen. Heute Abend kochen wir zusammen Spaghetti mit einer leckeren Soße. Morgen wollen Mama und Papa mit dir zum Badesee fahren. Es wäre doch schade, wenn du die ganzen schönen Sommerferien in deinem Zimmer verbringst." Sie zwinkerte ihrer Enkeltochter verschmitzt zu. „Aber du musst mich unbedingt daran erinnern, dass ich vor dem Schlafengehen die Weintrauben abhänge, die sind im Kühlschrank besser aufgehoben. Das künstliche Laub gefällt mir ausgesprochen gut, ich glaube das lasse ich auch über den Winter hängen, dann habe ich, auch wenn es kalt ist, einen Hauch von Süden.

Emma, Tim und das Monster

„Du bist wirklich ein Baby! Schutzengel gibt es ja gar nicht!", sagte Tim zu seiner kleinen Schwester. Er war schon 10 Jahre alt und kam er sich sehr erwachsen vor.

„Aber in der Schule hat uns die Lehrerin eine Geschichte vorgelesen, da kam ein Schutzengel drin vor. Der hat einem kleinen Jungen geholfen. Der hatte sich nämlich verlaufen, der Junge meine ich, nicht der Engel", antwortete Emma und überlegte weiter. „Der Schutzengel hätte sich höchstens verfliegen können, meinst du nicht? Oder ob ein Engel auch zu Fuß geht? Aua!", schrie sie empört auf, denn ihr Bruder hatte sie gepackt und fest an ihrem Pferdeschwanz gezogen.

„Dumme Emma! Solche Geschichten erzählen sie nur den dummen I - Männchen, die glauben alles. Schutzengel sind bloß eine Einbildung, hörst du! Eine Ein - bil - dung!" Bei jeder Silbe zog Tim seiner Schwester kräftig die Haare lang.

„Selber dumm", schluchzte Emma und befreite sich mit einem Ruck. „Ich werd's der Mama sagen wenn du mich noch mal an den Haaren ziehst." Sie zog entschlossen die Nase hoch.

„Pah, wenn du petzt, dann boxe ich dich", hörte sie ihren Bruder brummen, bevor sie nach Hause lief. Was dachte sich Tim bloß. Er war in letzter Zeit ziemlich komisch. Immer versuchte er sie herumzukommandieren oder er lachte sie aus. Früher hatte er oft mit ihr gespielt, sogar ihr Lieblingsspiel, Vater, Mutter, Kind, wenn sie ihn lange genug angebettelt hatte. Doch seit einiger Zeit ließ sich nichts mehr mit ihm anfangen. Emma seufzte tief. Vielleicht würde sich Tim ja wieder einkriegen, sie musste nur ein bisschen Geduld haben.

Am Abend war Tim dann schon wieder komisch. Papa und Mama hatten einen wichtigen Termin. Eigentlich wollte die Oma in dieser Zeit kommen und auf die Kinder achten, doch sie war ganz schlimm erkältet und lag im Bett. So sollten Tim und Emma heute ausnahmsweise allein bleiben. Papa hatte gesagt, dass Tim, weil er ja der Ältere wäre, auf seine Schwester aufpassen solle. Da hatte Tim ein Gesicht gezogen und gemeckert. „Manno, immer muss ich auf die da aufpassen!"

„Wenn du deine Schwester meinst, so kannst du ruhig ihren Namen sagen", meinte Papa. „Heute Abend ist eine Ausnahme, das weißt du ganz genau. Wenn Oma nicht so krank wäre, hätte sie auf euch geachtet", er blinzelte den Kindern zu. „Wir sind nicht lange weg und ihr dürft so lange auf bleiben, bis wir wieder zu Hause sind."

„Und wir dürfen auch fernsehen?", fragte Tim. Papa verstrubbelte ihm die Haare. „Na gut, ausnahmsweise. Aber du musst mir versprechen, dass du ein vernünftiges Programm auswählst. Eins, dass für deine Schwester nicht zu aufregend ist. Ich glaube gleich kommt ein Film über Tiere, den könnt ihr euch ansehen."

Tim strahlte. „Versprochen!"

Kaum hatten die Eltern die Haustür ins Schloss gezogen, schaltete Tim den Fernseher ein. Emma setzte sich neben ihn. „Papa hat gesagt, wir sollen was mit Tieren anschauen", sie versuchte sich den Titel des Films zusammen zu buchstabieren. „D - e - r w -e -i -s - e H..."

Tim stöhnte. „Dumme Emma, das heißt Der weiße Hai."

„Und ist das ein Tierfilm, so ähnlich wie Flipper?"

„Ja sicher, das ist ein Film der von einem bösen weißen Hai handelt, der kleine Mädchen auffrisst, die immer dumme Fragen stellen."

Tim riss den Mund weit auf und bleckte die Zähne. Dazu krümmte er die Finger zu Klauen, knurrte laut und tat, als würde er sich auf seine Schwester stürzen. Emma starrte ihn entsetzt an und rannte aus dem Zimmer.

Tim lehnte sich zufrieden zurück. Sicherlich würde Emma in ihr Bett krabbeln und heulen. So konnte er in Ruhe den Film anschauen. Sie würde ihn schon nicht verpetzen, das hatte sie noch nie getan. Er musste einfach aufpassen, dass er rechtzeitig den Fernseher ausschaltete, wenn die Eltern wieder nach Hause kamen. Gerade griff der Hai Leute auf einem Boot an.

Tim war so fasziniert, dass er die leisen Schließgeräusche der Haustür nicht hörte.

Emma hatte sich wirklich in ihrem Bett verkrochen, die Zudecke über den Kopf gezogen und sich ganz klein gemacht. Sie hatte große Angst, denn aus Tim war auf einmal ein schreckliches Monster geworden. Eines mit riesigen Zähnen und langen spitzen Klauen, das sie fressen wollte. Vielleicht sollte sie sich lieber in Sicherheit bringen? Man konnte ja nicht wissen, ob das Brudermonster nach ihr suchen würde. Ganz leise und vorsichtig steckte sie einen Finger unter der Bettdecke hervor. Nichts passierte. So versuchte sie es gleich mit einem Fuß und wackelte ein wenig mit den Zehen. Das Monster schien noch beschäftigt zu sein, denn der Fuß blieb heil. Als nächstes steckte sie den ganzen Arm und das Bein heraus. Wieder geschah nichts, außer, dass Emma fast aus dem Bett fiel. Schnell zog sie Arm und Bein wieder ein und lugte vorsichtig über den Deckenrand. Noch immer war kein Monster in Sicht. So zappelte sie sich aus dem Bett, schlich leise zur Tür, öffnete sie leise und stahl sich aus dem Haus. Sie wollte die Straße entlang und den Eltern entgegengehen. Vielleicht konnte sie sie vor dem Monster warnen, das irgendwo im Haus lauerte. Wahrscheinlich hatte es ihren Bruder zuerst gefressen, sah jetzt aus wie er und wartete darauf, die ganze Familie zu verspeisen.

Inzwischen war es ziemlich dunkel geworden. Emma zog die Pulloverärmel über die Hände, denn sie fror mit einem Mal. Die Straße sah ganz anders aus als am Tag. Rund um die wenigen Straßenlaternen gab es ein bisschen Licht, doch dazwischen wabberten dunkle Schatten. Sie ging schneller, doch die Schatten folgten ihr. Also ging sie noch schneller, bis sie schließlich rannte. Als sie fast keine Luft mehr bekam und vor Seitenstechen nicht mehr konnte, sah sie die Scheinwerfer eines Autos auf sich zukommen. Emma rannte ihm entgegen, denn das konnten nur ihre Eltern sein. Schluchzend machte sie einen gewaltigen Satz...

...und wurde von einem Paar weicher Arme aufgefangen. Einen Augenblick fühlte sie sich warm und getröstet, alle Angst war weg. Sie schaute auf und sah in ein Paar gütiger Augen, die sie aus einem lieben Gesicht anfunkelten. „Aber Kind, was machst du denn nur", sagte eine sanfte Stimme. „Fast wärst du vor das Auto gelaufen."

„Meine Eltern", stammelte Emma ganz benommen.

„Das waren nicht deine Eltern, Schätzchen. Die kommen erst später heim. Sie sind aufgehalten worden."

Emma musterte die Frau aufmerksam. Sie kam ihr bekannt vor, obwohl sie sicher war, diese Person noch niemals gesehen zu haben. „Woher weißt du denn, dass es nicht meine Eltern waren? Du kennst sie doch gar nicht."

Wieder lächelte die Frau. „Ich kenne deine Mutter gut. Früher habe ich auf sie aufgepasst. Doch jetzt passe ich auf jemand anderen auf."

„Ich weiß, wer du bist", japste Emma atemlos. „Du bist mein Schutzengel und du hast mich gerettet, genau so wie in der Geschichte, die wir in der Schule gehört haben."

„Meinst du? Wenn das so ist, dann werde ich dich jetzt nach Hause bringen, damit dir nichts passiert. Schließlich habe ich eine Verantwortung, so als Schutzengel...", wieder ein liebes Lächeln. Emma strahlte über das ganze Gesicht. „Wenn ich das meinem Bruder erzähle! Er hat gesagt, dich gibt es gar nicht und hat sich in ein Monster verwandelt. Nicht so richtig", fuhr sie schnell fort, „er hat nur so getan, glaube ich jedenfalls."

„Große Brüder sind manchmal ziemlich dumm. Glaub mir, Tim tut es schon leid, dass er dich erschreckt hat. Und eines musst du dir mal merken, Monster gibt es nicht, die sind bloß eine Ein - bil - dung!"

„Aber Schutzengel gibt es, die sind nicht eingebildet", erklärte Emma und mit einem prüfenden Blick über die Schultern der Frau fragte sie: „Wo hast du denn deine Flügel gelassen? Sind sie eingeklappt?"

„Och, manchmal brauche ich die Flügel nicht, dann verschwinden sie einfach und ich muss zu Fuß gehen, wie alle anderen auch. Das ist auch nicht so auffällig, weißt du", erklärte die Frau lachend. Emma nickte ernst. „Das ist ja ganz klar, wenn jeder deine Flügel sehen kann, dann musst du nachher alle beschützen, die gerade keinen eigenen Engel haben. Das ist viel zu viel Arbeit, wo du doch schon auf mich aufpasst."

Inzwischen waren die beiden vor Emmas Haus angekommen. Das war komisch, sie hätte schwören können auf der Flucht vor dem Monster ziemlich weit gelaufen zu sein, doch jetzt hatte der Heimweg nur ein paar Minuten gedauert. „Was meinst du, kann ich dich jetzt allein lassen?" Die Frau unterdrückte ein Gähnen. „Selbst ein Schutzengel braucht ab und zu ein wenig Schlaf und für heute Nacht hatten wir Aufregung genug, oder?" Emma fühlte sich mit einem Mal ganz müde, die Augen fielen ihr zu. Das Letzte was sie noch bemerkte, waren weiche Arme, die sie auffingen.

Emma reckte und streckte sich behaglich in ihrem Bett. Es war heller Morgen, die Sonne schickte ihre ersten warmen Strahlen durch das Zimmerfenster. Nach all der Aufregung der letzten Nacht hatte sie gut geschlafen und fühlte sich richtig gut ausgeruht. Sie überlegte: Wie war sie ins Bett gekommen? Daran konnte sie sich überhaupt nicht mehr erinnern.

„Alles in Ordnung? Geht es dir gut?" Tim stand vor ihr und musterte sie aufmerksam. „Es tut mit leid, dass ich dich so erschreckt habe. Ehrlich! Das habe ich nicht gewollt. Wenn du Papa und Mama nichts sagst, dann verspreche ich dir, dass ich so etwas nie wieder mache! Ehrenwort!"

„Jaaa, aber", begann Emma zögernd.

„Und ich spiele heute auch den ganzen Tag mit dir!"

„Den ganzen Tag? Vater - Mutter - Kind? Ohne zu meckern?"

„Ohne zu meckern, versprochen."

„Na gut!", sagte Emma großzügig, denn ihr Bruder sah der im hellen Sonnenschein überhaupt nicht wie ein Monster aus. „Sag mal", begann sie nach einer Weile. „Hat die Frau mich eigentlich ins Bett gebracht?"

Tim stutzte. „Welche Frau meinst du? Hier war niemand außer uns beiden. Du hast dich ins Bett gelegt, weil ich dich doch erschreckt habe und bist eingeschlafen. Papa und Mama sind aufgehalten worden, sie sind erst ganz spät nach Hause gekommen." Tim schluckte, schien nicht weiter sprechen zu wollen. Doch dann gab er sich einen Ruck. „Also - ich habe den Film bis zum Ende geguckt und bin dann auch ins Bett gegangen, aber mal ehrlich, ich habe eine solche Angst gehabt, dass ich gar nicht schlafen konnte!"

Emma nahm ihren großen Bruder in den Arm. „Mach dir nix draus, Monster gibt es gar nicht. Das sind alles bloß Ein - bil - dungen", und leise, ganz für sich allein flüsterte sie: „Aber Schutzengel, die gibt es ganz bestimmt!"

Es war doch erst gestern...

Verwirrt schaute Mario sich um, er war einen Moment mit seinen Gedanken abgedriftet. Kein Wunder, denn die Liturgie zog sich in die Länge. Doch der Ellenbogen seines kleinen Mädchens, schmerzhaft in seine Seite gebohrt, hatte ihn zurück in die Wirklichkeit geholt. „Wirklich, Papa, fast hättest du geschnarcht. Wie peinlich …", wisperte sie vorwurfsvoll. Er grinste schuldbewusst in ihre Richtung. Nicola sprach inzwischen auf Augenhöhe mit ihm, was kein Wunder war, denn mit dem heutigen Tag hatte sie den großen Schritt in Richtung Erwachsenwerden getan, nämlich die allgemeine Hochschulreife erreicht. Wie würde es weiter gehen, welchen Weg mochte sie wohl wählen. Der nächste Schritt könnte ihr ganzes weiteres Leben beeinflussen. Mario seufzte, was ihm einen weiteren vorwurfsvollen Blick einbrachte. So wandte er sich, als vorbildlicher Vater, wieder der Kanzel zu und versuchte, sich auf die salbungsvolle Stimme des Priesters zu konzentrieren. Doch er vermochte es einfach nicht, der Predigt zu folgen. Wieder ließ er den Blick schweifen, schielte nach oben, sah die eingemeißelten Zahlen im Schlussstein des Kirchengewölbes und erinnerte sich:
Es war erst gestern, da saß er an fast der gleichen Stelle in dieser Kirche. Eine winzige Kinderhand hatte sich vertrauensvoll und auch

ein wenig schutzsuchend in die Seine gestohlen. Mit der anderen Hand hielt sein kleines Mädchen krampfhaft die Schultüte umklammert. Rundherum zappelten die I-Dötze auf den altehrwürdigen Kirchenbänken hin und her, während besorgte Eltern versuchen, dem aufgeregten Gehampel Herr zu werden. Allein seine Kleine, so kam es ihm jedenfalls vor, benahm sich vorbildlich, saß brav, wenn auch etwas verkrampft, neben ihm.

Langsam legte sich die Unruhe, denn der Organist trat mächtig in die Pedale und erstickte so jedwedes Kindergeschnatter. Die Kleine entspannte sich sichtlich, ließ den Blick schweifen, schaute fasziniert zur Gewölbedecke hinauf und das immer wieder. Konnte letztendlich den Blick nicht abwenden. Mario, verwundert über ihr Interesse an mittelalterlicher Baukunst allgemein und dem Kreuzrippengewölbe der Kirche im Besonderen. Er folgte ihrem Blick.

Verschwörerisch stupste seine Tochter ihn an.

„Du kannst das auch sehen, nicht wahr, Papa!"

„Ja was denn?", flüsterte er zurück.

Sie wies mit dem Kinn in Richtung Decke.

„1-7-4-9", mühsam entzifferte sie die Jahreszahl auf dem Schlussstein und zog ihren ganz eigenen Schluss: „Ganz da oben steht doch die Telefonnummer vom lieben Gott!"

Der Führerschein

„Da muss was schief gelaufen sein …" mein Vater schaute verzweifelt über das Kassengestell seiner Brille. Ich tätschelte ihm den Rücken. „Ach Papa, was ist denn schon wieder los?" Seit wir zusammen einen Kiosk betrieben, verging kaum ein Tag, an dem der sich nicht über meinen jüngeren Bruder beklagte.

„Eugen wohnt doch gar nicht mehr bei euch, da kann er doch nicht so richtig stören", versuchte ich zu beruhigen.

Wirklich war mein Bruder nach einigem hin und her aus der elterlichen Wohnung in das Haus gegenüber gezogen. Dort war überraschend eine kleine Wohnung frei geworden. Besonders unser Vater hatte einiges an Überzeugungsarbeit geleistet, um Eugen endlich los zu werden. Als Nesthäkchen ging das Kind schon stramm auf die 30 zu und machte bis dato überhaupt keine Anstalten sich auf die eigenen Füße zu stellen. Vor einigen Jahren hatte Eugen ein Studium angefangen, das ihn nach Bayern verschlug und war kläglich gescheitert, was nicht zuletzt daran lag, dass er mit der räumlichen Trennung, vor allem von unserer Mutter, nicht zurechtgekommen war. Jetzt studierte er in der Nähe und es schien keine größeren Probleme zu geben.

„Er wohnt zwar neuerdings gegenüber, verbringt aber fast seine gesamte Zeit bei uns. Ich möchte mal wissen, wozu ich ihm für viel

Geld eine Küche gekauft habe, wenn er sich sowieso von deiner Mutter bekochen lässt. Mal ganz abgesehen von der nagelneuen Waschmaschine, die ich ihm hingestellt habe." Diese Bemerkung ließ mich grinsen, denn ich stellte mir meinen Bruder vor, der einen mächtig vollen Wäschekorb über die Straße zerrte.

„So, so, mein Brüderchen bringt euch also seine Schmutzwäsche?"

„Wenn das mal so wäre. Deine Mutter geht sowieso einmal in der Woche zum Putzen rüber und dann bringt sie sich auch Eugens Wäsche mit. Jedes Mal schimpft und meckert sie, aber letztendlich macht sie es doch."

Das ließ selbst mich staunen, die ich, was die Familie im Allgemeinen und meinen Bruder im Speziellen anbetraf einiges gewohnt war.

„Du meine Güte, sag bloß Mutter putzt ihm seine Bude. Das könnte der Herr aber wirklich selbst machen."

„Könnte er, macht er aber nicht. Ich habe gedacht es würde sich etwas ändern, wenn er erst eine eigene Wohnung hat." Vater seufzte abgrundtief. „Das war wohl ein Trugschluss. Aber am Meisten ärgert mich, dass er gar keine Anstalten macht das Autofahren zu lernen, sondern von mir erwartet, dass ich ihn chauffiere."

„Aber Papa, fahr ihn doch einfach nicht!"

Wieder ein Seufzer, der dieses Mal resigniert klang. „Dann spricht deine Mutter nicht mehr mit mir und das möchte ich nicht riskieren. Sie stellt sich sowieso an, wenn ich etwas über deinen Bruder sage."

„Soll ich versuchen, mit ihm zu reden? Meinst du das hat Sinn?"

Mein Vater lächelte dankbar. „Lass mal gut sein. Es ist schon schön, wenn ich mich bei dir ausheulen kann. Das erleichtert ungemein."

Als ich Vater ein paar Tage später im Kiosk ablöste, strahlte er über das ganze Gesicht. „Ich habe einen Handel mit deinem Bruder abgeschlossen", erzählte er. „Er putzt in Zukunft seine Wohnung selbst und dafür bezahle ich ihm den Führerschein."

Dieser Sinneswandel kam ziemlich unvermittelt. „Meinst du wirklich, dass der Deal zustande kommt?", fragte ich skeptisch. „Und vor allem: Was sagt Mutter dazu?"

„Deine Mutter ist von der Idee ganz angetan. Sie will mit Eugen zum Einkaufen fahren, wenn er den Führerschein erst einmal hat."

So vergingen einige Monate. Hin und wieder erkundigte ich mich bei Eugen nach seinen fahrtechnischen Fortschritten, er schilderte mir seine Fahrstunden mit allen Details und schien guter Dinge zu sein. Auch Vaters Laune besserte sich von Mal zu Mal. Scheinbar hielt sich Eugen tatsächlich an das Abkommen und putzte seine Wohnung selbst. Hinzu kam, dass er sich jetzt häufiger in den eigenen vier Wänden aufhielt, denn schließlich musste er ja für die Fahrerlaubnis büffeln. Jedenfalls betonte er das bei jeder Gelegenheit.

Nach einem guten halben Jahr arbeitete Eugen immer noch an seinem Führerschein und ließ sich, nach wie vor, die zahlreichen Fahrstunden von unseren Eltern bezahlen. „Jetzt könnte der Bengel aber mal in die Pötte kommen." Langsam wurde Vater nervös. „Wenn man bedenkt, dass dein älterer Bruder gerade einmal 10 Fahrstunden gebraucht hat, um den Führerschein zu machen."

„Das waren aber auch noch ganz andere Zeiten, Papa. Heutzutage braucht man jede Menge Pflichtstunden. Allerdings verstehe ich nicht, warum Eugen nicht wenigstens die theoretische Prüfung macht. Das Lernen fällt ihm doch eigentlich leicht."

„Du hast Recht. Ich werde ein ernstes Wörtchen mit dem Bengel sprechen. Es ist ja schön, dass er jetzt öfter in seiner Wohnung ist und sich nur noch bei uns einfindet, wenn er Hunger hat, aber das Ganze wird mir auf die Dauer einfach zu teuer."

„Mensch, Papa, was ist denn mit dir los? Hast du dich geärgert?" In diesem Zustand hatte ich unseren Vater noch nie gesehen. Er schien einem Herzinfarkt nahe zu sein, hantierte mit hochrotem Kopf an den zahlreichen Bonbondosen im Kiosk herum, hob ein Glas mit Pfefferminzbonbons hoch, um es gleich wieder auf den Tresen knallen zu lassen. „Ja, allerdings! Ich bin auf einen Trickbetrüger hereingefallen!"

„Um Gottes Willen, sollten wir denn nicht die Polizei einschalten?"

Vater schüttelte energisch den Kopf. „Das wird nicht helfen, denn dann müsste ich deinen Bruder anzeigen."

Erschüttert setzte ich mich auf den nächstbesten Stuhl. „Jetzt erzähl mal der Reihe nach. Was ist denn eigentlich passiert."

Vater holte tief Luft, schüttelte noch einmal unwillig den Kopf und erzählte: „Zunächst einmal: Dein Bruder denkt nicht daran, den Führerschein zu machen!"

„O je, Papa, hat er eine solche Prüfungsangst? Der arme Kerl! Wir sollten ihn mental aufbauen!"

Jetzt näherte sich Vaters Gesichtsfarbe dem Dunkel-Violetten und er brüllte los: „Der Bengel hat sich nicht mal in der Fahrschule angemeldet! Er hat das ganze Geld dazu verwandt, um sich einen Computer mit allem Schnickschnack zu kaufen. Da sitzt er jetzt von früh bis spät dran und macht irgendwelche dämlichen Autorennen! Er hat mich die ganze Zeit verarscht!"

Übrigens: Eugen hat den Führerschein nie gemacht, aber mit Computerspielen kennt er sich wirklich aus …

Tobias und Sebastian Geschichten

Wohnungswechsel

„Immer meckerst du rum! Jetzt hab ich aber genug davon!" Da stand er, ein knapper Meter bebender Entrüstung. Die Arme in die Hüften gestemmt, der Kopf hoch erhoben und knallrot. An wen erinnerte der Kampfzwerg mich bloß?

„Pass mal auf, mein Freund, wenn du nicht gleich mit dem Aufräumen anfängst, dann wirst du erleben, WIE sauer ich werden kann!" Immer das gleiche Theater: Während sein älterer Bruder den Inhalt der Überraschungseier fein säuberlich wieder einpackte und in seiner Schreibtischschublade aufbewahrte, war der zweite Vorname meines jüngstgeborenen Chaos. Jetzt schien auch noch die Anarchie dazuzukommen. Sebastian zuckte nicht mit der Wimper. „Wenne nich aufhörs zu meckern, dann wirste schon sehen!"
Ich konnte mir ein Grinsen nicht verkneifen. Denn der Knirps sprach die Drohungen mit dem gebührenden Ernst aus. „Was werde ich sehen?", fragte ich gespielt harmlos.
„… dann … dann … ziehe ich eben aus", stieß er atemlos hervor. Ich hatte kürzlich eine Nachtgeschichte von Astrid Lindgren vorgelesen. „Pelle zieht aus" hieß sie. Pelle war nach

Herzhausen gezogen. Scheinbar hatte diese Geschichte den Knaben wirklich beeindruckt.

„Aber Sebastian, du kannst doch nicht in die Toilette ziehen, da ist nicht mal ein Fenster!"

„Ich bin ja auch nicht doof, das Klo ist mir viel zu klein. Ich ziehe auf den Spielplatz. Da kann ich alles herumschmeißen, so wie es mir gefällt und auf der Bank sitzen!" Scheinbar hatte Sebastian schon fleißig Pläne geschmiedet.

„Und schlafen tu ich im Gebüsch, da kann ich mir nämlich ne Bude bauen!" Er griff sich seinen kleinen, wie eine Ente geformten Koffer und fing emsig an zu packen: Matchboxautos, ein Bilderbuch, sein kleines Kissen. Obenauf stopfte er einen angematschten Kinderriegel. Ich verfolgte sein Treiben mit offenem Mund, völlig baff ob dieser Zielstrebigkeit. Schließlich marschierte der Auswanderer an mir vorbei und zur Wohnungstür hinaus. Ihm nachlaufen war mir einfach zu dumm, er würde sich schon einkriegen und nach einer kleinen Schmollfase wieder bei uns einziehen.

Aus dem Fenster heraus beobachtete ich, wie Sebastian auf seinen neuen Wohnort stolzierte und dort seinen Koffer auspackte. Wenigstens konnte ich vom Küchenfenster aus den Spielplatz überblicken. Nicht auszudenken, wenn der Trotzkopf beschließen würde, seinen Aktionsradius zu erweitern. Aber das tat er nicht, sondern blieb den ganzen Nachmittag auf dem Spielplatz, krabbelte im Gebüsch herum.

Wahrscheinlich suchte er einen geeigneten Schlafplatz. Schließlich legte er sich gemütlich auf eine Bank.

Der Nachmittag neigte sich dem Ende zu, der Abend brach an. Alle Kinder waren längst daheim, wurden abgeschrubbt, gefüttert und ins Bett gebracht. Nur auf unserem Spielplatz saß eine kleine, kerzengerade Gestalt, hatte den Entenkoffer auf dem Schoß und schien gar nicht daran zu denken, endlich nach Hause zu kommen. Hilflos wandte ich mich an meinen Erstgeborenen. „Ich gehe jetzt nach unten und hole den Sturkopf nach Hause. Das geht doch alles gar nicht!"

Tobias schaute mich ernst an. „Ach, Mama, wenn Sebastian so wütend die Arme in die Hüften stemmt, dann sieht er aus wie du, und er ist genau so stur. Ich geh schon runter und hole ihn."

Wenig später sah ich meine beiden den ausgetretenen Weg vom Spielplatz hinunter kommen. Tobias hatte schützend den Arm um seinen kleinen Bruder gelegt. Der wirkte gar nicht mehr so entschlossen wie am Nachmittag.

„Da bin ich aber froh, dass du es dir anders überlegt hast, Sebastian. Du hast mir ganz schön gefehlt." Ich schluckte, denn ich hatte einen dicken Kloß im Hals. „Und bleibst du jetzt bei uns?" Mein Trotzkopf nickte ernsthaft. „Ja, weißt du Mama, wenn ich noch mal ausziehe, dann doch lieber ins Klo. Auf dem Spielplatz ist es mir nachts zu alleine."

Die Ameisenzucht

Du olle Tiertöterin", Sebastian war den Tränen nahe. „Wie konntest du diese schöne Spinne bloß tot hauen?"

Genervt musterte ich meinen Sohn. Seit er seine Tierliebe entdeckt hatte, machte er wegen jedem platt gehauenen Insekt einen Riesenaufstand. Jeden Morgen nahm er sein Marmeladenglas mit den Luftlöchern im Deckel mit zum Kindergarten, fing dort eifrig Insekten und beobachtete sie stundenlang. Dabei schüttelte er das Glas von Zeit zu Zeit, um den zu Tode erschrockenen und deshalb erstarrten Insekten wieder Leben einzuhauchen. Jetzt also regte er sich wegen einer erlegten Spinne auf. Ich bemühte mich um Geduld. „Wenn ich das nächste Mal eine Spinne sehe, dann rufe ich dich einfach und du sammelst sie für mich ein." Weil ich meinen Sohn kannte und wusste, was jetzt kommen würde, nahm ich ihm gleich den Wind aus den Segeln. „Wenn du gerade im Kindergarten bist, dann warte ich so lange, bis du wieder zu Hause bist, und rühre das Tier nicht an, versprochen!" Sebastian zog die Nase hoch und schien mit meiner Erklärung zufrieden zu sein.

Ein paar Tage später machte mich Tobias, mein Erstgeborener, auf einige Ameisen aufmerksam, die planlos im Kinderzimmer herumwuselten. „Seltsam", dachte ich, denn wie sollten Ameisen ausgerechnet in unsere Wohnung im ersten Stock kommen?

„Ich habe schön öfter welche im Kinderzimmer gefunden. Ich glaube Sebastian züchtet sie", meinte Tobias trocken. Offensichtlich waren seinem jüngeren Bruder ein paar Krabbeltiere entwischt. Genervt setzte ich der Ameisenwuselei unter Zuhilfenahme des Staubsaugers ein Ende. Anschließend nahm ich den kleinen Tierfreund ins Gebet. „Hör mal, Sebastian, du musst wirklich besser aufpassen, damit die Insekten im Glas bleiben. Er geht nicht, dass sie in der Wohnung herumlaufen!"

Der so Gescholtene schaute mich treuherzig an. „Das hat mir Marcus Mutter auch gesagt, aber sie hat sehr laut gesprochen. Dabei sind mir nur ein paar Käfer weggelaufen, als ich sie Marcus zeigen wollte."

Wie sich herausstellte, hatte der angehende Insektenforscher ein ganzes Glas voller ekeliger schwarzer Käfer im Kinderzimmer seines besten Freundes ausgekippt. Was Marcus Schwestern dazu veranlasste, laut quiekend Schutz bei ihrer Mutter zu suchen. Die bekam einen hysterischen Anfall und Sebastian ein Hausverbot. Kein Wunder, dass diese Nachbarin mich nicht mehr grüßte!

Nach der leidigen Geschichte versprach mir Sebastian hoch und heilig, in Zukunft keine Insekten mehr in die Wohnung zu bringen.

Es war Sonntagnachmittag und wir hatten ein schönes Wochenende in unserem Schrebergarten verbracht. Jetzt schloss ich die Wohnungstür auf und ließ meine Lieben eintreten.

„Urks!" Meine drei Männer standen wie versteinert in der Diele und gaben merkwürdige Laute von sich. Ein Blick genügte, um zu verstehen, warum: Aus dem Kinderzimmer ergoss sich eine breite Ameisenstraße bis in die Küche, wo die schwarze Flut in meinem Vorratsschrank verschwand. Hilfesuchend schaute ich meinen Mann an, doch der fixierte die Invasion mit starrem Blick und konnte augenscheinlich nicht fassen, was hier geschah. Schließlich schien er zu begreifen, denn er lief von unten nach oben knallrot an. Auch Sebastian registrierte, dass sein Vater kurz vor einer gewaltigen Explosion stand. „Ich geh dann mal bei Markus klingeln", nuschelte er und war weg.

Ich packte mir den Staubsauger und rückte dem Ameisenheer zu Leibe, das sich in Windeseile hinter der hölzernen Verkleidung im Kinderzimmer in Sicherheit brachte. Anschließend streute ich eine dicke Lage Backpulver vor die Holzwand und die dort eingekesselte Armee. Das musste bis zum

Montagmorgen reichen, dann wollte ich den Ameisen mit Gift zu Leibe rücken.

Nach getaner Arbeit musterte ich meinen Erstgeborenen, der mir interessiert zugeschaut hatte, prüfend. Er stotterte gleich eine Erklärung: „Ich hab's dir doch gesagt! Sebastian hat sie mitgebracht und mit Zucker gefüttert. Er wollte ein Experiment machen."

Das war wirklich gelungen, doch jetzt brachte ich mich auch nicht mehr aufregen. Die Gefahr war fürs Erste gebannt und morgen würde ich weitersehen. Vorsichtig schielte ich um die Ecke ins Wohnzimmer, denn dorthin hatte sich der Herr des Hauses zurückgezogen. Ich konnte erleichtert feststellen, dass er nicht mehr hyperventilierte, jedenfalls nicht mehr so schlimm wie vor meiner Ameisen - Bändigungsaktion.

„Weißt du was, Tobias, geh doch mal nach unten und schau nach deinem Bruder. Sag ihm, er soll lieber bis sieben Uhr draußen bleiben. Bis dahin hat sich euer Vater vollends beruhigt."

Tobias nickte ernsthaft. „Klar Mama, ich kümmere mich darum und ich pass ein bisschen auf Sebastian auf!"

Zur Abendbrotzeit lugte das personifizierte schlechte Gewissen um die Ecke. „Na, Mama, sind die Ameisen weg?"

Unwillkürlich musste ich lachen, denn die zerknirschte Miene passte so gar nicht zu meinem sommersprossigen und stoppelhaarigen Lausebengel. Der grinste schon wieder, vorsichtshalber ein wenig schuldbewusst.

„Hör mal, du Ameisenbändiger, eigentlich müsste ich dir den Hosenboden strammziehen. Jetzt isst du etwas und dann gehst du ins Bett. Heute kommst du deinem Vater besser nicht in die Quere."

Sebastian seufzte tief. „Ich glaube Papa mag keine Insekten, was?"

Womit er wohl Recht hatte.

Wohin die Reise geht

Tobias verdrehte die Augen. „Du willst mich nicht verstehen, das ist für mich eine einmalige Gelegenheit, um hier raus zu kommen und etwas von der Welt zu sehen: Glasgow", genießerisch ließ er das Wort über die Zunge rollen. Ich versuchte es noch einmal mit Vernunft und gesundem Menschenverstand. „Junge, die ganze Aktion verzögert dein Studium um mindestens ein Jahr, wenn nicht noch länger. Außerdem ist doch überhaupt nicht klar, wie du das alles finanzieren willst. Von uns kannst du nichts mehr erwarten, wir sind so was von blank."

Diese und ähnliche Diskussionen hatten wir in letzter Zeit viel zu oft geführt. Genauer gesagt, seit Tobias es sich in den Kopf gesetzt hatte sein Studium in Schottland fortzusetzen.

„Mach dir mal keine Gedanken, das schaffe ich schon irgendwie", das klang fast trotzig. „Ich kann in Glasgow an der Uni arbeiten, das ist schon alles arrangiert. Ein Zimmer im Studentenheim dort habe ich auch schon angefragt und den Umzug kriege ich mit ein paar Kumpels zusammen hin."

„Ach, dann brauchen wir ja wohl auch nicht mehr zu diskutieren. Du wirst schon sehen, was du davon hast. Wie kann man bloß so verbohrt sein."

Mein Sohn musterte mich kurz. „Wer ist hier verbohrt?", mit diesen Worten verließ er das Zimmer.

Einige Wochen später:

„Da will der Bengel doch wirklich mit ein paar Pappkartons und Alditüten umziehen, unglaublich." Leise vor mich hin grummelnd erklomm ich die Treppe zum Dachboden, um nach einem vernünftigen Koffer zu suchen. Der Umzug ließ sich nicht mehr vermeiden und so hatte ich aufgehört zu argumentieren, fügte mich in das Unausweichliche.

Ganz hinten in der Ecke hatte ich vor Urzeiten einen alten, aber durchaus noch passablen Koffer verstaut. Aus Erfahrung wusste ich, dass mein Sohn ausgeliehenen Sachen gar nicht, oder in einem inakzeptablen Zustand zurückbrachte. Diesen Koffer konnte ich entbehren. Merkwürdig, das Teil schien seltsam schwer zu sein. Neugierig setzte ich mich auf den Boden und öffnete den alten Koffer.

„Das darf doch nicht wahr sein", entfuhr es mir, denn das Behältnis verbarg lang verschüttete Erinnerungen: Obenauf lag der Schlapphut. Ein schlammfarbenes, völlig deformiertes Etwas. Darunter DIE Cordhose, auch schlammfarben, immer wieder enger gemacht, trotzdem völlig ausgebeult. Wie viele Diskussionen mit den Eltern hatte es wegen dieser Beinbekleidung gegeben. Lächelnd nahm ich die vergilbten Fotos auf, schwelgte in Erinnerungen: Das „German Rock Festival" in Dortmund. Wie lange war das wohl her? Das war … ja, richtig 1974. Da war ich so alt wie Tobias jetzt. Ich grinse dämlich in die Kamera, habe den Schlapphut (damals neu und mein ganzer Stolz) auf dem Kopf. Wange an Wange mit meiner besten Freundin, die Typen aus der Clique im Hintergrund. Was hatten wir für Pläne. Wollten die Welt verbessern, für den Frieden eintreten und dafür, dass alle Menschen gleich behandelt werden. Wollten den Hunger in der Dritten Welt bekämpfen und alle Kapitalisten enteignen. Wollten Abenteuer erleben, das Leben in vollen Zügen genießen. Wir wollten alles, aber eines ganz und gar nicht: Niemals so werden wie die ‚Alten'. Niemals bürgerlich sein, niemals unseren Eltern ähneln.

Mit einem wehmütigen Lächeln legte ich meine Erinnerungen, bis auf eine, zurück in den Koffer. „Wann ist das bloß passiert", dachte ich. Wann war ich so bürgerlich, ja spießig geworden? Hatte mich den Prinzipien meiner Eltern so sehr genähert. Hatte vergessen, dass ich die Welt verändern wollte und neugierig auf alles Neue war. Dass nicht Sicherheit für mich wichtig war, sondern Leben, Erleben. Auf dem Weg nach unten fiel mein Blick auf den halb blinden Spiegel, der neben der Dachbodentür hing. „Es ist nie zu spät um den Weg zu ändern", grinste mich das Spiegelbild an.

Entschlossen drehte Tobias den Schlüssel im Schloss um, gewappnet für eine neue Auseinandersetzung. Seine Eltern schienen überhaupt nicht zu verstehen, was ihn antrieb. Das er die Möglichkeit, die sich ihm bot am Schopf ergreifen würde, dass er leben, Abenteuer erleben wollte. Schließlich ging er ein kalkuliertes Risiko ein. Aus dem Wohnzimmer schollen ihm ungewohnte Töne entgegen. „Born to be wild", röhrte die Gruppe Steppenwolf. Er öffnete leise die Tür und grinste ob des ungewohnten Schauspiels: Seine Mutter tanzte durch das Zimmer, einen merkwürdigen Schlapphut auf dem Kopf. „We were born, born to be wild. We can climb so high. I never wanna die…", sang sie laut und falsch mit.

Grinsend applaudierte Tobias. „Klasse Nummer, Mom. Kannst du die noch mal von Anfang an bringen?"

Sie hielt mitten in der Bewegung inne, nahm langsam dem Hut ab. „Schön, dass du hier bist. Wir müssen uns noch mal über Schottland unterhalten. Ich habe mit deinem Vater gesprochen. Wenn du das unbedingt durchziehen willst, dann werden wir unser Möglichstes tun, um dich zu unterstützen. Und sicherlich kommen wir mal vorbei, um bei dir nach dem Rechten zu schauen."

„Au" wie Auto oder Demolition Man

„Du, Mama, wenn ihr doch in Urlaub fahrt, so könnte ich mir eigentlich dein Auto ausleihen?" Sebastian setzte seinen allertreuesten Dackelblick auf. Irgendwie hatte ich diese Frage befürchtet und auch den Dackelblick. Trotzdem versuchte ich hart zu bleiben. „Mein lieber Sohn", begann ich in strengem Tonfall. „Du kannst dich doch sicher noch an meinen Mini erinnern? Dieses Auto bist du längere Zeit gefahren, ohne ein einziges Mal nach dem Ölstand zu schauen, obwohl ich dich darum gebeten hatte." Sebastian schaute zerknirscht. „Aber dann habe ich immer Öl nachgeschüttet."

„Ja, meistens daneben, auf den Motorblock, und das erst, nachdem ich mich tierisch aufgeregt hatte. Wo wir gerade dabei sind: Wie war das ein paar Monate später mit dem explodierten Kühler?"

Mein Sohn brachte es fertig, noch schuldbewusster aus der Wäsche zu schauen. „Die alten Kamellen. Ich gebe ja zu, dass es grob fahrlässig war, den Wagen mit dem überhitzten Kühler und ohne Kühlwasser weiter zu fahren, aber ich habe dazugelernt. Wirklich Mama, du kannst mir ruhig vertrauen. Ich werde den Wagen hüten wie meinen Augapfel. Und Clara wollte immer schon mal im Cabrio fahren."

Also daher wehte der Wind. Der Knabe hatte offensichtlich vor, seine neue Flamme zu beeindrucken. Sebastian und Clara kannten sich noch nicht lange, doch war mein Sohn schwer verliebt, Clara schien es ebenso zu gehen. Einerseits gönnte ich den beiden ein paar schöne Tage in einer sturmfreien Bude und mit der Mobilität, die ein eigenes Gefährt mit sich bringt. Andererseits fürchtete ich, dass Sebastian auch diesem Auto schwere, wenn nicht irreparable Schäden zufügen würde.

Mein Sohn schien zu bemerken, dass ich seine Bitte noch nicht ganz abgelehnt hatte. Er schloss mich in seine Arme und drückte mir einen Kuss auf den Kopf, denn der lange Lulatsch überragte mich um einiges. „Du bist die beste Mama der Welt! Wirklich! Ich passe echt auf, ich weiß doch, wie du an deinem Auto hängst!"

„Na gut, aber ich warne dich. Wenn auch nur ein einziger Kratzer an dem Wagen ist, dann, dann ... drehe ich dir den Hals um, egal wie groß du bist!"

„So, so, die vertraust unserem Filius tatsächlich dein Cabrio an? Das ist mutig", Alan, mein Liebster musterte mich verblüfft. „Ich kann mich noch gut daran erinnern, dass du, nach der Geschichte mit dem geschrotteten Kühler, geschworen hast, ihm nie wieder dein Auto zu leihen."

„Ach weißt du, irgendwann muss ja mal Schluss sein mit den alten Kamellen. Unser Junge ist schließlich erwachsen geworden. Es wird schon alles gut gehen."

„Na dann", Alan grinste schief, verkniff sich aber jede weitere Bemerkung.

Wir genossen unseren Urlaub in vollen Zügen, dachten an nichts Böses, bis wir einen Anruf bekamen. Sebastian war am Handy. „Du, Mama, es ist etwas passiert."

Ich ahnte Böses. „Sag schon, was mit dem Auto los ist. Hast du einen Unfall gebaut? Geht es euch gut?", fragte ich atemlos.

„Ach wo, keine Panik. Bloß der Bordcomputer spinnt irgendwie. Erst hat es gepiepst, dann stand da was in der Anzeige, aber das habe ich so schnell nicht lesen können."

„Wie, was? Das hast du nicht lesen können", wiederholte ich ungläubig Sebastians Worte.

„Das ging alles so schnell. Ich bin erst mal weitergefahren. Wir wollten ja zum Baggersee."

„Urks", mir versagte kurzzeitig die Stimme, was meinen Sohn dazu veranlasste, schnell weiter zu sprechen. „Dann sind wir baden gegangen und anschließend wollten wir nach Hause fahren, aber da ist der Wagen nicht mehr angesprungen. Jetzt steht er auf dem Parkplatz und sagt keinen Mucks. Aber bis ihr wieder zu Hause seid, habe ich das Problem behoben."

Alan, der mich aufmerksam beobachtet hatte, nahm mir das Handy aus der schlaff gewordenen Hand. Er ließ sich die Geschichte noch einmal erklären. Schließlich empfahl er unserem Sohn, den Wagen stehen zu lassen und ‚nicht weiter daran herumzumurksen'.

„Es kann sein, dass etwas mit der Batterie ist", beruhigte er mich anschließend. „Ich habe letztens bemerkt, dass da ein Kabel locker war, habe aber leider vergessen, das gleich in Ordnung zu bringen." Er nahm mich in den Arm. „Das tut mir wirklich leid. Sobald wir wieder zu Hause sind, werde ich mich darum kümmern. Jetzt lass dir den Urlaub nicht vermiesen."

„Du hast Recht. Wahrscheinlich ist gar nichts weiter am Auto. Wenigstens hatten die Kinder keinen Unfall, wie ich es erst vermutete."

Meine gute Urlaubsstimmung hielt genau zwei Tage an, denn am übernächsten Abend kam der zweite Anruf. „Mama, reg dich jetzt bloß nicht auf", dieses Mal klang Sebastian etwas kurzatmig. „Es ist noch was mit dem Wagen."

„Jaaa", eine Ahnung stieg in mir hoch. „Ist der Wagen etwas gestohlen worden?"

„Aber nein, Mama, nicht gestohlen, aber er steht nicht mehr auf dem Parkplatz. Weil - wir haben ihn nämlich abgeschleppt."

Also war mein Auto nicht gestohlen worden, mir fiel ein Stein vom Herzen. Aber warum sollte ich mich nicht aufregen? Ehe ich nachfragen konnte, redete das Kind schon weiter. „Ja also, ich habe mir den Wagen von Claras Vater ausgeliehen. Das heißt, Clara hat mir den Wagen geliehen, wenn man es genau nimmt. Ich habe gezogen und Clara hat dein Auto gelenkt." Sebastian schluckte hörbar. „Dabei ist die Abschleppstange etwas verbogen worden."

Ich traute meinen Ohren nicht. „WAS??? Ihr habt einfach den Wagen von Claras Vater genommen? Ihr spinnt ja wohl! Ich hoffe er hat euch ordentlich die Leviten gelesen. Und die Abschleppstange ist verbogen? Habt ihr jetzt beide Autos demoliert, oder was?", hier musste ich erst einmal Luft holen, was Sebastian Gelegenheit gab, etwas zu sagen. „Keine Panik, am Auto von Claras Vater ist kein Kratzer. Das Cabrio hat bloß eine ganz, ganz kleine Macke. Aber wir haben den Wagen direkt in die Werkstatt geschleppt und schon einen Kostenvoranschlag in Auftrag gegeben. Die Reparatur ist gar nicht so teuer. Natürlich bezahle ich das. Übrigens ist ein Kabel an der Batterie lose gewesen, deshalb fuhr das Auto nicht. Wenn ihr wieder zu Hause seid, dann ist der Wagen lange fertig."

Zu viele Nachrichten scheinen den Normalbürger zu überfordern, denn irgendwie hatte ich nicht mehr genug Energie, um mich aufzuregen. „Mach du das mal", nuschelte ich, drückte Alan das Handy in die Hand, ging in die Hotelbar und bestellte mir einen doppelten Whisky.

Alan gesellte sich eine Weile später zu mir. „Ich habe dem Bengel gesagt, dass er erst einmal gar nichts in Auftrag geben soll. Ich möchte mir den Schaden erst einmal anschauen. Anschließend habe ich in der Werkstatt angerufen. Das Auto bleibt dort stehen, bis wir wieder zu Hause sind. Whisky?", er hob die amüsiert die Augenbrauen. „Wenn du zu harten Getränken greifst, so muss du einen ordentlichen Schock bekommen haben. Aber die Idee ist grundsätzlich gut." Auch er orderte einen Whisky.

Ich brauche nicht zu betonen, dass ich den Urlaub nicht mehr wirklich genießen konnte und froh war, wieder zu Hause angekommen zu sein. In der Werkstatt ergab sich ein seltsames Bild. Mein Auto wies auf den ersten Blick keine Macken auf, einzig der immer noch in der dafür vorgesehenen, nun total verbogenen Halterung baumelnde Abschlepphaken störte das harmonische Bild. Der Kühlergrill war ausgebrochen, hing aber immer noch ziemlich gerade, ein Scheinwerfer war leicht lädiert. Seltsamerweise wies der Wagen keinerlei Blechschäden auf.

„Eigentlich ist alles Claras Schuld", erklärte uns unser, inzwischen wieder Oberwasser fahrender, Sohn. „Wir sind nicht so gut um die Kurve gekommen, weil sie falsch gelenkt hat. Ich glaube sie ist zum Abschleppen nicht geeignet."

Es bleibt nur noch zu erwähnen, dass Sebastian, obwohl ich ihn sehr liebe, was mein Auto betrifft ein Fahrverbot auf Lebenszeit hat. Na gut, bis auf weiteres? Erst einmal? Jedenfalls vorläufig!

Alles ganz easy

„Übrigens ziehen wir in der nächsten Woche um, genauer gesagt am Wochenende. Aber keine Sorge, es ist alles ganz easy, wir haben das fantastisch im Griff."

Diese Aussage meines Sohnes ließ mich nach Luft schnappen. Eigentlich hatte ich ihn angerufen um mich nach seinem Befinden zu erkundigen, denn er hatte schon länger nichts von sich hören lassen. Wie hatte eine Weile nett miteinander geplaudert und jetzt das.

„Sag mal, Sebastian, geht's noch? Das erzählst du mir einfach so nebenbei? Ihr wohnt doch gerade mal ein halbes Jahr zusammen", erschüttert hielt ich inne, denn mir fehlten einfach die Worte.

Mein Sohn hingegen strahlte eine fast mystische Ruhe aus, selbst über das Telefon. „Ach, Mama, ich hab' mir schon gedacht, dass du dich bloß aufregst. Deshalb habe ich dir erst einmal nichts davon erzählt. Jetzt ist alles in trockenen Tüchern und ich kann mit der frohen Nachricht herausrücken."

Wie Sebastian weiter erzählte, hatten er und seine Freundin Clara schon kurz nach dem Einzug in die erste gemeinsame Wohnung festgestellt, dass diese einfach zu klein für die beiden war. So hatten sie sich einige Objekte angeschaut und waren bald fündig geworden. Der Mietvertrag war inzwischen abgeschlossen worden und Nachmieter für die alte Wohnung schnell gefunden. Jetzt sollte der Umzug über die Bühne gehen.

„Und das habt ihr alles so gemanagt, ohne auch nur ein Wort zu sagen? Ich weiß wirklich nicht, was ich dazu sagen soll!", unterbrach ich mein Kind rigoros, allerdings tat das seiner guten Laune keinen Abbruch. „Nun stell dich nicht so an, wir haben alles im Griff und jede Menge Umzugshelfer. Vielleicht kann Papa ja den Elektroherd anschließen und so."

Bei so viel Enthusiasmus mochte ich nicht weiter motzen und versicherte Sebastian, dass wir selbstverständlich mithelfen würden.

Schon am nächsten Tag rief das Kind wieder an. „Sag doch mal, Mama", begann er vorsichtig. Ich lächelte in den Telefonhörer. „Immer wenn du so anfängst, willst du etwas."

„Ja, richtig. Ich wollte fragen, ob Papa eigentlich auch eine Einbauküche aufstellen kann. Die Sache ist nämlich die: Die Küche war so teuer, dass wir uns die Kosten für das professionelle Aufstellen nicht leisten können."

Verblüfft versprach ich Sebastian, seinen Vater vorsichtig auf die auf ihn zukommende Arbeit vorzubereiten.

Der nächste Anruf kam planmäßig einen Tag später. „Hallo, wie geht es euch denn so", begann unser Filius munter.

„Danke der Nachfrage, es geht uns prima. Was hast du auf dem Herzen, mein Junge? Geht es um den Umzug?"

„Ja, also", fuhr Sebastian zögernd fort. „Am Samstag wollen wir ja aus der alten Wohnung raus sein. Und ab Montag ist sie neu vermietet. Es bleibt also nur noch der Sonntag. Hast du da schon was vor?"

„Wie jetzt?", fragte ich ratlos, denn ich ahnte nicht im Geringsten worauf er hinauswollte.

„Na ja, wenn du sowieso nichts vorhast, dann kannst du uns ja auch mithelfen, die alte Wohnung zu streichen. Sie muss nämlich vor der Übergabe komplett neu gestrichen werden und das macht dir doch sicher Spaß."

Für einen Augenblick verschlug es mir die Sprache, doch als gute Mutter erklärte ich mich bereit, beim Streichen der Wohnung zu helfen.

Am nächsten Nachmittag klingelte das Telefon. Mein Mann Alan und ich sahen uns an. Mit einem Seufzen nahm ich den Hörer ab. „Hallo Sebastian, was gibt es?"

„Hier ist Clara. Ich habe da mal eine Frage."

Ich zögerte einen Moment und war versucht, den Hörer einfach aufzulegen, doch ein vorwurfsvoller Blick von Alan hielt mich zurück. Scheinbar hatte er erkannt, was ich vorhatte. Also packte ich den Stier bei den Hörnern. „Was sollen wir machen? Vielleicht die neue Wohnung auch noch streichen?"

Clara kicherte nervös. „Nein, keine Sorge, die ist schon fertig. Ich habe mir bloß gedacht, dass du doch für den Samstag ein paar Salate

71

machen könntest, damit die Umzugshelfer etwas zu essen haben."

„Weißt du was, ihr seid ziemlich anstrengend", entfuhr es mir.

„Na ja, vielleicht kannst du auch nur einen Kartoffelsalat machen, aber einen großen und ein paar Frikadellen dazu."

„In Gottes Namen!"

So machte ich mich daran, alle Zutaten für den großen Salat einzukaufen.

Wir waren in aller Herrgottsfrühe aufgestanden, hatten uns mit Hilfe mehrerer Espresso aus dem Halbschlaf in den Wachzustand versetzt und befanden uns auf dem Weg zur neuen Behausung der Kinder, denn heute sollte der Umzug über die Bühne gehen. „Was meinst du", fragte Alan hoffnungsvoll, „ob die beiden schon fleißig einräumen? Wo sie doch so viele Helfer haben."

Ich zuckte die Schultern. „Schön wär's, allerdings kann ich mir das bei der Pomadigkeit unseres Sohnes nicht vorstellen und Clara ist auch nicht besser. Von wegen ganz easy."

Alan runzelte die Stirn. „Immer bist du so negativ! Du wirst sehen, dass der Junge alles im Griff hat. Spätestens bis Mittag steht die Einrichtung komplett und Sebastian wird Zeit haben, um mir beim Aufbau der Küche zur Hand zu gehen."

Ich verkniff mir weitere Bemerkungen. Einerseits war es einfach zu früh am Morgen für

Diskussionen, andererseits waren wir am Ziel angekommen.

„Ihr seid aber früh", wurden wir von unserem gähnenden Sohn begrüßt. „Das ist ja ganz gut, die Küchenmöbel und alle Geräte stehen schon im richtigen Raum. Du kannst gleich loslegen, Papa. Du hast dir ja das entsprechende Werkzeug mitgebracht, nicht wahr. Ich habe nämlich keine Ahnung, wo unser Werkzeug im Moment ist." Ehe sein Erzeuger antworten konnte, redete das Kind schon weiter. „Clara und ich müssen noch nach Ikea fahren, wir brauchen eine Kommode und einen zusätzlichen Schrank für das Schlafzimmer, Lampen und noch ein paar Kleinigkeiten. Anschließend treffen wir uns mit den Helfern in der alten Wohnung und sind so gegen Mittag wieder hier."

„Wenn das mal gut geht", flüsterte ich Alan zu, was der mit einem Schulterzucken quittierte. „Der Junge weiß was er macht, du musst ihm auch mal etwas zutrauen", fügte er leise hinzu. „Wenn er sagt, dass er gegen Mittag wieder hier ist, so wird das schon klappen." Ehe wir es uns versahen, hatte Sebastian mir den Wohnungsschlüssel in die Hand gedrückt und verschwand Arm in Arm mit seiner Freundin in Richtung Parkplatz.

„Hoffentlich verlaufen die beiden sich nicht bei Ikea", unkte ich. Alan zog eine Augenbraue hoch, sagte jedoch nichts, sondern packte sich seinen Werkzeugkoffer. Ich folgte ihm mit der Monsterschüssel mit dem bestellten Kartoffelsalat und gemeinsam machten wir uns ans Werk.

„Prima, ihr seid ja schon ziemlich weit!" Sebastian steckte den Kopf durch die Küchentür und grinste uns an. Inzwischen war es später Nachmittag und das lustige Trüppchen trudelte endlich ein. Sebastian, Clara und die Umzugshelfer schienen guter Dinge zu sein, was man von Alan nicht behaupten konnte. Er war tatsächlich davon ausgegangen, dass alles so klappen würde, wie unser Sohn es geplant hatte und war immer nervöser geworden. „Der Junge wird doch keine Panne mit dem Umzugswagen haben!"

„Ach wo", versuchte ich ihn zu beruhigen. „Sie brauchen halt die Zeit um alles einzuladen. Wenn sie erst noch nach Ikea gefahren sind, dann können wir froh sein, wenn sie vor dem Abend hier eintrudeln."

Ich hatte Recht behalten und auch jetzt hatte Sebastian alle Zeit der Welt. „Uff, habe ich einen Hunger, jetzt muss ich erst mal was essen." So machten es sich die jungen Leute erst einmal bequem und schaufelten Kartoffelsalat.

„Willst du nicht auch erst einmal ...", weiter kam ich nicht.

„Ich will hier fertig werden und nicht essen", knurrte mein Liebster vernehmlich und setzte die Bohrmaschine in Betrieb. „Los, jetzt packt

hier einer mit an, oder soll ich die Hänge-
schränke allein hochwuchten?"
Sebastian erhob sich umständlich. „Nur die
Ruhe, Papa. Wir haben jetzt alle Sachen hier,
die laden wir gleich aus. Dann ist der Umzug
schon so gut wie geritzt. Ist alles ganz easy."
Auch die Helfer erhoben sich einer nach dem
anderen und bald sahen alle unheimlich beschäftigt aus. Sebastian hatte sich, nachdem er
seinem Vater zur Hand gegangen war daran
gemacht, die neuen Schlafzimmermöbel zu-
sammenzuschrauben, was ihn voll und ganz
beschäftigte.

Die Dämmerung zog auf, alle Möbel und Kar-
tons waren abgeladen worden, die Umzugshelfer hatten sich verabschiedet und Alan seufzte
erleichtert auf. „Uff, fertig." Er fasste sich an
den schmerzenden Rücken, während er ein
paar Schritte zurücktrat und sein Werk begut-
achtete.
Ich nickte anerkennend. „Das hast du wirklich
gut hingekriegt, die Küche steht perfekt." Alan
lächelte und nahm mich in den Arm. „Ich hatte
ja auch die perfekte Helferin."
„Hey, Eltern sollen Vorbilder sein, also hört
schon auf zu knutschen." Unser Filius stand in
der Küchentür und musterte uns amüsiert.
„Sag mal, Papa, wo du jetzt hier fertig bist ...
könntest du mir wohl bei der Garderobe helfen? Ich habe sie jetzt zwei Mal zusammen
und wieder auseinander geschraubt. Immer

habe ich eine Hand voller Schrauben übrig. Da ist irgendetwas nicht richtig."

„Der Junge weiß, was er macht", raunte ich Alan ins Ohr. Der zwinkerte mir zu, während er seinem Sohn grinsend auf die Schulter schlug. „Klar helfe ich dir, mein Junge, das ist doch alles ganz easy!"

Menschenskinder

„Hoffentlich hat der Junge sich nicht zu viele Umstände gemacht", Alan klang besorgt. Ich schaute ihn einen Augenblick verdutzt an. Er schien sich wirklich Gedanken darüber zu machen, den Knaben mit unserem Besuch zu überfordern. „Na hör mal", versuchte ich ihn zu beruhigen. „Sebastian hat ein ziemlich dickes Fell und seine Freundin ist auch noch da. Zusammen werden sie es wohl schaffen, uns einen Kaffee zu kochen. Mehr erwarten wir ja schließlich nicht."
Unser Sohn war unlängst in eine neue Wohnung gezogen. Er hatte uns zum Sonntagskaffee eingeladen, damit wir die jetzt komplett eingerichtete Wohnung in Augenschein nehmen konnten.
„Das stimmt, schließlich haben wir beim Umzug genug geholfen und du hast zudem auch noch mitgeholfen die alte Wohnung zu streichen. Da kann der junge Mann uns auch etwas

Gutes tun", mit diesen Worten parkte mein Liebster den Wagen. „Wenigstens habe ich einen Parkplatz ganz in der Nähe gefunden. Schließlich muss ich das schwere Ding da tragen", grummelte er beim Aussteigen. Ich konnte mir ein Grinsen nicht verkneifen. Mein Brummbär liebte unsere Kinder aus ganzem Herzen, musste aber ständig an ihnen herummeckern. Immer noch vor sich hin grummelnd packte er sich unser Geschenk für die neue Wohnung, einen in der Tat nicht gerade leichtgewichtiges Elektrogerät.

„Herzlich willkommen, schön das ihr da seid", Sebastian grinste über beide Pausbacken, während sein Vater ihn prüfend musterte. „Junge, ich glaube du bist schon wieder dicker geworden! Nimm mir mal das schwere Ding hier ab." Er drückte Sebastian das Paket mit dem Geschenk in die Hand.

„Danke, das ist wohl für uns, was?", stellte der folgerichtig fest. „Bevor ihr weiter geht, zieht euch doch bitte die Schuhe aus, sonst ist hier alles nass! Es scheint ja ordentlich zu regnen."

„BITTE!"

Ich sah, wie meinem Liebsten die Zornesader schwoll, und legte ihn begütigend die Hand auf den Arm. Ich konnte ihn gut verstehen, denn auch ich erinnerte mich an den kleinen Sebastian, der oft völlig verdreckt nach Hause gekommen war, dem der Sand sogar aus der Unterhose rieselte. Auch der Heranwachsende, der sein Zimmer bis zur Oberkante vollmüllte war mir nur zu vertraut. Hier war ein erstaunlicher Sinneswandel vor sich gegangen. Ich zog mir demonstrativ die Schuhe aus. Wenigstens hatte ich kein Loch im Socken. Alan tat es mir grummelnd nach. Inzwischen war auch Sebastians Freundin aufgetaucht und begrüßte uns wie immer mit einem blitzeblanken Zahnpastalächeln. „Das tut mir aber jetzt leid! Wir haben gar keinen Kaffee im Haus. So etwas trinken wir nämlich nicht", stellte Clara bedauernd fest.

„Aber wir haben eine große Auswahl von Tee", fügte Sebastian hinzu. Diese Aussage machte mich erst einmal sprachlos, denn Alan und ich verabscheuten Tee aus ganzem Herzen. Das sollte unser Sohn eigentlich wissen.

„Zeig mal her, was kannst du denn für Teesorten anbieten?", sagte ich schnell, denn es brodelte offensichtlich wieder in Alan. „Hm, lecker, ich nehme Apfeltee", das schien jetzt sogar unseren Sohn zu irritieren, jedenfalls guckte er einen Moment ziemlich verdutzt. „...und dein Vater trinkt Milch", fügte ich sicherheitshalber hinzu.

Wenigstens stand auf der Anrichte ein Kuchenpaket. Das würde den aufgebrachten Alan wieder beruhigen. Sebastian schien meine Blicke bemerkt zu haben, denn er packte den Kuchen aus und stellte das Tablett auf den Tisch. „Ich bin extra zum Bäcker gelaufen", stellte er stolz fest.

„O, wirklich! Und du hast echt vier Stücke Kuchen gekauft! Das ist toll, wo wir ja auch vier Personen sind!" Ironie prallte von jeher an diesem jungen Mann ab.

„Ja, und der war wirklich sauteuer!", antwortete er mit ernster Miene.

Alan hatte es aufgegeben zu grummeln und nahm sich ein Stück Apfelkuchen, das er mit mir teilte, denn wir wussten aus Erfahrung, dass Sebastian über einen gesunden Appetit verfügte. So auch in diesem Fall, denn er verschlang in Windeseile zwei Stücke Kuchen. Na ja, er hatte ihn ja auch selber gekauft und er war ‚sauteuer' gewesen.

Nach dieser Aktion seufzte unser Filius befriedigt auf. „So, wo wir jetzt alle so schön satt sind, wollt ihr doch bestimmt unsere letzten Urlaubsfotos sehen, nicht wahr?" Sebastian schaute uns auffordernd an.

„Ja, gerne", ein paar Bilder vom letzten Urlaub, warum nicht.

„Hätte ich das gewusst, dann hätten wir auch ein paar Fotos mitgebracht!", fügte Alan hinzu.

„Ach weißt du Papa, das wäre wohl nicht gegangen, denn es sind ungefähr 800 Urlaubsfotos. Ich habe sie zu einer Diashow zusammengestellt. Und übrigens hat Clara auch in zwei Stunden ihren Origamikurs hier, aber dann seid ihr ja sowieso schon wieder weg."

Als wir später wieder auf der Autobahn waren, holte ich tief Luft. Alan schien erstaunlich ruhig, ich hatte eigentlich eine Schimpfkanonade von ihm erwartet. Stattdessen schaute er mich kurz von der Seite an. „Wann ist das eigentlich passiert?"

Ich lächelte sanft, denn ich wusste genau, was er meinte. Das war nicht mehr der kleine Sebastian, dem wir immerzu die Rotznase abgeputzt hatten. Der mit Papa Fußball gespielt und die Eisenbahn aufgebaut hatte. Dem ich so oft wie möglich sein Leibgericht gekocht hatte.

Irgendwann entgleiten die Kinder einem, werden erwachsen und eigenständig, sind gar nicht mehr so, wie wir es gerne hätten.

Aber das ist ganz in Ordnung so, denn vielleicht sind wir ja auch nicht so, wie sie es gerne hätten …

Die Schwiegermutterrede

„Was meinst du, Mama?" Da stand er also und schaute unsicher zu mir hinunter. Mein sonst so selbstbewusster Sohn, Mitte zwanzig, mehr als zwei Meter lang, eine gute Figur, blaue Augen, blonde Haare, der hübscheste Kerl der Welt, jedenfalls empfand ich das so, trat von einem Bein auf das andere. „Nun sag schon was du denkst!"

„Ja, hmm", begann ich zögernd, mich vorsichtig durch ein Minenfeld tastend. „Das kommt jetzt alles ein bisschen schnell. Ich hatte wirklich nicht damit gerechnet."

„Aber wir wohnen ja sowieso schon zusammen, da ist es nur logisch", wieder ein vorsichtig - unsicherer Blick. „Ich weiß, dass du so deine Probleme mit Clara hast."

Ich öffnete protestierend den Mund, doch Sebastian ließ mich nicht zu Wort kommen. „Doch, das stimmt schon, du brauchst gar nicht zu widersprechen. Nicht, dass ich an so einen Quatsch glauben würde, aber Clara ist der Meinung, dass das an euren Sternzeichen liegt: Du als Steinbock bist für einen Zwilling zu konservativ und brav gestrickt, meint Clara!" Mein Blick ließ den jungen Mann für einen Augenblick verstummen. „So, so, ich bin also zu konservativ? Das ist ja mal ne interessante Neuigkeit. Was sagt deine Zwillings Clara denn zu deinem Sternbild? Passt ein Waage Mann überhaupt zu ihr?"

Sebastian grinste mich an. „Ja, schon. Das hat irgendwas mit dem Planeten Pluto zu tun und mit meinem Aszendenten, sagt sie jedenfalls. Ist ja eigentlich auch egal. Wenn sie daran glauben will, so soll sie das tun. Weißt du, Mama, sie ist die Frau, die ich liebe und mit der ich bis an mein Lebensende zusammenbleiben möchte. Nur darauf kommt es an."
Diese Aussage ließ mich einmal trocken schlucken. Es stimmte schon, Sebastians Freundin hatte von Anfang an nicht wirklich in unsere Familie gepasst. Sie setzte ihren Willen ziemlich oft durch und nahm dabei wenig Rücksicht auf die ungeliebte Schwiegerfamilie, jedenfalls kam es mir so vor. Hinzu kam Claras geradezu manischer Hang, Menschen nach ihren Sternbildern zu beurteilen. Sobald das Gespräch auch nur entfernt in die astrologische Richtung ging, lebte sie sichtlich auf und konnte unendlich lange Monologe halten. Ich bemühte mich stets, dieses leidige Thema zu vermeiden. So war ich niemals richtig warm mit ihr geworden. Heute hatte mein Sohn mich besucht, um mir mitzuteilen, dass er und Clara das Aufgebot bestellt hatten und im nächsten Monat heiraten würden. Und nicht nur das; die beiden hatten auch ihre Hochzeitsfeier organisiert, ohne ein Sterbenswörtchen zu sagen. Die Nachricht hatte mich kalt erwischt, doch schließlich musste nicht ich mit dieser horoskopsüchtigen Amazone zusammenleben. „Wenn du Clara so sehr liebst, dann

ist das in Ordnung für mich", würgte ich schließlich heraus. „Du hast ja wirklich Glück, dass du kein spießiger Steinbock bist."
Sebastian seufzte, trotz der Spitze, erleichtert. „Dann ist ja alles paletti. Bei Claras Eltern sind wir auch schon gewesen. Ihr Vater wird auf der Hochzeitsfeier eine Rede halten. Papa will ja sicher auch ein paar Worte sagen." Sebastian zögerte einen Moment. „Es wäre mir wichtig, dass DU vielleicht auch etwas beisteuerst. Nur ein paar kurze Sätze, damit Clara sich doch noch angenommen fühlt ...", hier verstummte mein Sohn. Das wurde ja immer schöner. Erst kam er mit der Heiratshiobsbotschaft, jetzt verlangte er ernsthaft, dass ich seiner zukünftigen Frau eine Tischrede hielt. „Bitte, Mama, es wäre mir wirklich wichtig!" Sebastian sah mich bittend an. Wer konnte diesen blauen Augen schon widerstehen. Ich am allerwenigsten. „Na gut, ich werde mir etwas einfallen lassen."

Während ich mich zähneknirschend fügte, sah Alan, mein Mann, der Hochzeit unseres Sohnes gelassen entgegen. „Nun, Clara ist ja auch ein hübsches Mädel, da hat unser Junge einen ausgezeichneten Geschmack bewiesen", er stockte, scheinbar hatte er meinen Gesichtsausdruck bemerkt. „Gut, sie ist ein wenig dominant", fügte er schnell hinzu. „Und ihr Hang zu Kaffeesatzleserei und astrologischer Weltdeutung ist lächerlich." Ich tätschelte ihm die

Wange. „Ist schon gut, mein Lieber. Mit der Nummer rettest du dich jetzt auch nicht mehr. Wenn du mit unserer zukünftigen Schwiegertochter auskommst, so ist das doch in Ordnung. Aber du musst ja nicht unbedingt von ihr schwärmen, jedenfalls nicht vor mir."

„Na ja, schließlich habe ich auch eine bildschöne, dominante Frau geheiratet und bin glücklich mit ihr." Alans spitzbübisches Grinsen ließ auch mich lächeln. Wer konnte diesen blauen Augen schon widerstehen!

Die Hochzeit rückte immer näher und mir war immer noch keinen passenden Text eingefallen, so sehr ich mich auch abmühte. Immer wenn ich mir vornahm, endlich an einer kleinen Rede zu feilen, schien sich mein Kopf auf mysteriöse Weise zu leeren. Gleichzeitig fielen mir tausend Sachen ein, die noch zu erledigen waren.

Schließlich blieb mir noch eine einzige Nacht, um meinen Sohn nicht zu enttäuschen und eine nette Schwiegermutterrede zu verfassen. Während Alan schon vor sich hin schnarchte, setzte ich mich entschlossen an meinen Computer, gab das Wort ‚Sternzeichen' ein und klickte auf den ersten Eintrag. Erst gelangweilt, doch nach einiger Zeit mehr und mehr fasziniert las ich mich durch alle Sternzeichen.

„Liebe Clara, lieber Sebastian! Oder sollte ich lieber sagen lieber Zwilling nebst Waage. Ich habe mir gestern mal euer gemeinsames Horoskop angeschaut und ich muss sagen: Es sieht richtig gut aus. Ihr passt in jeder Hinsicht perfekt zusammen, seid weder besonders eifersüchtig, noch besitzergreifend. Ihr lasst euch gegenseitig den nötigen Freiraum, doch geht ihr liebevoll miteinander um. In eurem Miteinander könnt ihr euch entfalten, stützt und helft euch, wann immer das nötig ist. Nicht, dass ich an das ganze Sternzeichengedönse glauben würde, schließlich bin ich ein Steinbock und die sind ja bekanntlich realistisch, stur und etwas spießig. Doch wenn ich euch beide so anschaue, so bin ich versucht, meine Meinung zu ändern. Denn ihr passt so gut zusammen, wie es euer Liebeshoroskop verspricht. Und es kommt noch etwas dazu: Der Schlusssatz eures gemeinsamen Horoskopes hat mich total fasziniert. Ich zitiere ihn wörtlich: ‚Große Chancen für eine glückliche Ehe, besonders wenn die Waage das Portemonnaie des Zwillings bewacht.' Das ist ja mal ne Aussage, und weil ich weiß, dass du, Sebastian, manchmal ziemlich kniepig bist, kann eure Ehe ja nur ein voller Erfolg werden!"

„Danke, das war lieb von dir." Clara, die in ihrem Hochzeitskleid überwältigend aussah, nahm mich sacht in den Arm. „Ich weiß, dass es nicht immer einfach mit mir ist, aber vielleicht können wir noch mal von vorne anfangen!"

Mir schossen die Tränen in die Augen, was kein Wunder war. Schließlich hatte mein Junge heute einen wichtigen Schritt getan. Er hatte seiner Liebsten offiziell das Jawort gegeben. Und mal ehrlich, meine Schwiegertochter, die Zwillingsfrau, hat ja ihre Macken, aber wir Steinböcke sind auch nicht ohne ...

Geschichten von damals

Fernweh

„Ach Kind, wo kommst du denn bloß wieder
so spät her?" Anna sah ihre Tochter vorwurfsvoll an. „Du weißt doch ganz genau, dass der
Alte es nicht leiden kann, mit dem Essen zu
warten. Sei froh, dass er schon im Bett liegt."
Ilse schaute die Mutter zerknirscht an. Wusste
sie doch nur zu genau, dass ihr Vater seine
Wut über ihre Verspätung einmal mehr an
Anna ausgelassen hatte. Der müde Gesichtsausdruck und die eckigen Bewegungen der
Mutter sprachen Bände.

In der Regel kehrte der Vater nach seiner an-
strengenden Schicht unter Tage in seiner
Stammkneipe ein. Oft konnte er kein Ende
finden und obwohl er, wie er bei jeder Gelegenheit stolz betonte einen Stiefel vertragen
konnte, trank er dann mehr, als gut für ihn
war. Anna lag während dieser Zeit im Schlaf-
zimmerfenster und beobachtete ängstlich die
Straße. Sah sie ihren Mann schwankend näher
kommen, lief sie zurück in die Küche und er-
ledigte die letzten Handgriffe für das Abendessen. Er bestand darauf, sofort nach seiner
Ankunft mit Frau und Tochter zu essen. Früher hatte Anna die abendliche Milchsuppe
immer um 18 Uhr fertig gehabt. Da war er
pünktlich von der Schicht nach Hause gekommen. Höchstens einen Kurzen hatte er sich

auf die Schnelle erlaubt. Doch fast unmerklich wurden aus dem einen Schnaps zwei, drei und mehr. Er blieb immer länger aus, kam sturzbetrunken nach Hause.

„Wenn er noch saufen gehen muss, dann soll er doch die kalte Suppe essen!" Das hatte Anna, starrsinnig wie sie zuweilen war, ihrer Tochter und einzigen Vertrauten erklärt. Doch ihr Mann hatte sie eines Besseren belehrt: Er als Familienoberhaupt und Ernährer, hatte ein Recht darauf, dass seine Frau ihm ein warmes Abendessen servierte und gegebenenfalls so lange wartete, bis er seinen Feierabendschnaps getrunken hatte. Auch die widerborstige Tochter hatte sich zu fügen.

Das erste Mal warnte er, dann wurde er tätlich. Er klatschte kurzerhand den Teller mit der kalten Suppe an die Wand, ließ den Suppentopf hinterher scheppern. Anschließend zog er sich den Riemen aus der Hose und brachte Frau und Tochter Anstand und Achtung vor dem Herrn des Hauses bei. Die Abreibung würde sich das blöde Luder hinter die Ohren schreiben. Mochte sie ruhig wimmern, er war richtig in Fahrt gekommen, zerrte sie anschließend ins Ehebett, wo sie ihren Pflichten nachzukommen hatte.

Ilse lag währenddessen auf dem Ledersofa in der Küche, das nächtens zu ihrem Bett umfunktioniert wurde. Sie zog sich das Deckbett über die Ohren und kniff die Augen zusammen. Träumte sich weit weg. Stellte sich die

Welt draußen vor. Sie ging, wann immer sie sich 10 Pfennig von der Mutter erbetteln konnte, ins Kino. Im ‚Glaskasten' wurden Filme von Shirley Temple gezeigt. ‚Die Kleine Prinzessin' gefiel ihr am Besten. Oft schlich sich Ilse in das immer abgedunkelte Schlafzimmer, drapierte eine Decke um sich und versuchte Shirleys Tanzschritte nachzuahmen. Wenn Anna ihre Tochter dabei ertappte, so strahlte sie, nahm die Kleine einen Augenblick ganz fest in die Arme. In solchen Augenblicken war hinter den verhärmten Zügen die hübsche junge Frau zu sehen, die einmal voller Hoffnung aus Pommern ins Ruhrgebiet gekommen war, um einen viel älteren Mann zu heiraten.

Ilse liebte diese Glücksmomente. „Wenn ich erst mal groß bin, dann nehme ich dich mit auf eine Weltreise, Mutter", sagte sie oft.

Anna lachte dann. „Und was machen wir mit dem Alten? Meinst du, der hat sich bis dahin totgesoffen?"

Die Kleine schaute ihre Mutter ernst an. „Ja, sicher. Der ist bis dahin schon lange weg. Schließlich bist du so viel jünger als er."

„Ach Ilsekind, was würde ich bloß ohne dich anfangen. Ich versprech's dir hoch und heilig: Wenn du erwachsen bist, dann machen wir beide eine ganz schöne Reise. Nur du und ich!" Anna bekam ganz glänzende Augen. „Vielleicht können wir zusammen in die Heimat fahren. In mein schönes Pommern…"

Heute war Ilse wieder an ihrem Lieblingsplatz gewesen. Sie hatte vor längerer Zeit eine Zauberstelle am Bahndamm gefunden. Hierhin zog sie sich zurück so oft es ging. Sie saß im dichten Gebüsch, so nah an den Eisenbahnschienen, wie es ihr möglich war und wartete auf das näher kommende Donnern. Ein wohliger Schauer erfasste sie, wenn endlich ein Zug an ihr vorbeifuhr. In Gedanken fuhr sie mit. Stellte sich vor, wie das wohl wäre. Eine Eisenbahnfahrt in die Welt, denn das die Züge Reisende überall hin brachten, das war bekannt, stand ja im ‚Völkischen Beobachter'. Ob man wohl mit der Eisenbahn bis nach Amerika gelangen könnte? Ob sie dort wohl Shirley treffen könnte. Sie träumte sich in eine schöne Welt, weg von all dem Grau, das ihr Leben ausmachte. Oft vergaß sie darüber die Zeit. Kam zu spät zum Abendbrot.

Doch heute hatte sie Glück gehabt. Der Vater schlief schon seinen Rausch aus. Anna schmierte ihr schnell noch ein Butterbrot mit extra dick Butter und Zucker drauf. Sie strich ihr flüchtig über die wirren Löcken, bevor sie sich vorsichtig ins Schlafzimmer schlich, um ihren schnarchenden Ehemann nicht zu wecken.

Zögernd legte Ilse die Blumen ab, schaute sich nach einer Blumenvase um. Als die Blumen hübsch drapiert, das Grab unkrautfrei war, faltete sie nachdenklich die Hände, erinnerte sich an das kleine, fernwehkranke Mädchen. An das gegenseitige Versprechen, das nie gehalten worden war.

Obwohl viel jünger als ihr Ehemann, war Anna ihm vorausgegangen. So hatte sich nie die Gelegenheit ergeben, denn er verbot es seiner Frau kategorisch zu verreisen, konnte weder Frau noch Tochter verstehen.

Ilse lächelte trotz aller Trauer. „Ich war in deinem schönen Pommern, Mutter. Es ist wirklich so, wie du es mir immer erzählt hast. Und ich habe dich neben mir gespürt, ganz deutlich. Siehst du, irgendwie haben wir unsere Reise doch noch zusammen gemacht…"

Der Apfeldieb

Kalle und Helmut hatten annähernd den gleichen Schulweg. Nicht ganz, denn Kalle besuchte die katholische Volksschule, im Gegensatz zu dem evangelischen Helmut. Doch da die Schulen dicht beieinander lagen, holte Helmut seinen besten Freund jeden Morgen ab. Sie trotteten nebeneinander her und besprachen all die Dinge, die einem zehnjährigen Steppke wichtig sind.

Der Schulweg führte am Grundstück des Rektors der katholischen Schule vorbei, in dessen Vorgarten ein Apfelbaum stand, der zur Reifezeit mit roten, leckeren und unglaublich saftig

aussehenden Äpfeln bestückt war. Diese köst-
lichen Früchte schienen geradezu darum zu
betteln, gepflückt und verzehrt zu werden.
Aber ein Rektor ist eine Respektsperson, die
einem den Hosenboden außerordentlich
strammzieht, wenn sie einen beim Äpfelklauen
erwischt.

Heute war ein sonniger Tag, die Luft wehte
lau, die rotbäckigen Früchte lockten mit ihrer
saftigen Süße und Kalle fasste einen Ent-
schluss: „Weißt du wat Helmut, am späten
Nachmittag peilen wir mal die Lage. Wenn du
Schmiere stehst, so will ich wohl übern Zaum
und auf den Baum. Der olle Rektor ist dann
beschäftigt, um die Uhrzeit trinkt er mit seiner
Frau Kaffee. Das hat mir meine Mutter gesagt,
sie putzt ja bei denen."

Den ganzen Nachmittag drückten sich die
zwei Bengel am Grundstück herum. Schließlich erschien ihnen der Augenblick günstig.
Während Helmut aufpasste, kletterte Kalle auf
den Baum und stopfte sich in Windeseile so
viele Äpfel wie möglich unter das Oberhemd.
Anschließend rannten die zwei Apfeldiebe so
schnell sie konnten bis an den Bahndamm.
Hier hatten sie in einer alten Hütte das Haupt-
quartier ihrer zwei Jungen Bande. Am Ziel
angekommen biss Kalle herzhaft in einen er-
beuteten Apfel, um das Stück sofort wieder
auszuspucken. Das war kein Wunder, denn
diese Zieräpfel waren nur zum Betrachten und
nicht für den Verzehr geeignet. Mit einem

ziemlich mulmigen Gefühl vergruben die beiden ihre ungenießbare Beute am Bahndamm.

Noch mulmiger wurde es Kalle, als am nächsten Morgen unvermittelt der Rektor in den Klassenraum trat und sich gemütlich aufs Pult setzte. „Morgen Jungen", er winkte mit der Hand. „Setzt euch wieder hin. Ich muss euch einmal eine Geschichte erzählen: Normalerweise trinke ich nachmittags immer Kaffee in der guten Stube. Doch gestern überkam mich ganz plötzlich ein menschliches Bedürfnis, was mich dazu veranlasste, ein gewisses Örtchen aufzusuchen. Wie ich so sitze, höre ich plötzlich durch das geöffnete Fenster erst leise Stimmen im Vorgarten und dann ein Rascheln in meinem Apfelbaum. Ich schaue also hinaus und sehe einen Schüler dieser Klasse auf dem Baum sitzen, meine Äpfel abpflücken und sie in sein Hemd stecken! Der Idiot hat nicht einmal gemerkt, dass es sich um völlig ungenießbares Zierobst handelt!" Hier machte der Bestohlene eine Kunstpause und betrachtete eingehend seine Fingernägel. Nach einigen Minuten hob er mit einer abrupten Bewegung seinen Kopf und fixierte die Klasse „Fühlt sich vielleicht jemand in diesem Raum angesprochen?", fragte er anschließend mit leiser, doch drohender Stimme. Kalle schluckte trocken und hob zögernd den Arm.

Das er, ob des Vergehens, wie damals üblich, Schläge mit dem Rohrstock bekommen würde, war ihm schon klar. Womit er nicht gerechnet hatte war, dass auch noch aus ihm heraus geprügelt werden sollte, wer der zweite, Schmiere stehende, Apfeldieb war. Doch er hat seinen Freund nicht verraten, trotz einer gehörigen Abreibung.

Kuchen im Lodenmantel

Nach Schulschluss trieb Kalle sich in allen Hinterhöfen der Umgebung herum, meist zusammen mit dem, nicht weniger zu allen Schandtaten bereiten Kumpel Helmut. Bei einem ihrer Rundgänge bemerkten die beiden, dass ein Bäcker in der Nachbarschaft seine verlockend duftenden Blechkuchen immer auf einem Holzgestell am Eck auf seinem Hof abkühlen ließ. Kuchen, das war eine Leckerei, die es im besten Fall an Sonn- und Feiertagen gab und so tüftelten die zwei Bengel an einem abgefeimten Plan:

Selbst Kalles Stiefmutter, die sich wenig um ihn kümmerte, wunderte sich. Denn ihr Stiefsohn hatte es sich in den Kopf gesetzt, mitten im Sommer mit seinem viel zu großen Lodenmantel bekleidet herumzulaufen. „Sag mal, bist du jetzt völlig bekloppt geworden? Du kriegst noch einen Hitzschlag!" Kalle schaute ihr treuherzig in die Augen. „Aber wenn ich doch so friere?" Die Stiefmutter tippte sich an die Stirn und machte sich weiter keine Gedanken.

Natürlich hatte das Tragen des Mantels einen völlig anderen Hintergrund, denn das gute Stück zeichnete sich durch einige recht tiefe Innentaschen aus. Wie bereits mehrfach erfolgreich geprobt, postierte sich Helmut in der Toreinfahrt zur Backstube und pfiff wenn sich jemand näherte. Kalle, zwar mächtig schwitzend, aber voller Tatendrang, griff derweilen um die Ecke, schnappte sich an Kuchenstücken, was in der Eile zu greifen war, und schob sie in die Innentaschen seines Mantels. Wenn der Kuchen auch seine ursprüngliche Form verloren hatte, so schmeckte er immer noch hervorragend.

Was einmal so gut geklappt hatte, musste natürlich unbedingt wiederholt werden. Einmal – zweimal. „Dieser Bäckermeister ist aber zu doof, der merkt nicht mal, dass ihm Kuchen fehlt!", stellten die zwei Freibeuter einhellig fest. Doch hier irrten sie.

Wieder einmal stand Helmut völlig harmlos in der Toreinfahrt zum Hof der Bäckerei. Lodenmantelkalle steckte seinen Arm um die Ecke, sah einen Schatten und dankte Gott noch im hohen Alter für seine guten Reflexe; denn wo sich kurz vorher noch seine Langfinger befunden hatten, steckte jetzt eine Axt im Kuchen und im Holzgestell. So doof war der Bäckermeister nämlich gar nicht. Er hatte längst bemerkt, dass ihm einiges an Kuchen abhanden kam, wollte jedoch den Täter auf frischer Tat ertappen und legte sich auf die Lauer, bereit dem dreisten Dieb die Finger abzuhacken.

Nach dieser Erfahrung hängte Kalle den Lodenmantel wieder in den Schrank und Kuchen gab es nur noch an Sonn - und Feiertagen.

Ein Groschen für den Ringelschwanz

Heute war Schlachttag und das konnten sich Kalle und Helmut nicht entgehen lassen. Als Dritter im Bunde gesellte sich Ottokar Nickel zu ihnen. Was seine Eltern sich bei der Namensgebung gedacht hatten, blieb ein ewiges Geheimnis, denn das Kind litt, aus begreiflichen Gründen, heftig unter seinem Vornamen.

Die Sau wurde aus dem Stall geholt und an einem Pfosten festgebunden. Das Messer war gewetzt und es sollte zur Sache und damit dem Schwein ans Leben gehen. „Wer von euch will sich ´nen Groschen verdienen?" Diese Frage war an die drei Jungen gerichtet. Helmut und Kalle zwinkerten sich zu und ließen Ottokar den Vortritt. Der wurde am hinteren Ende der Sau postiert, solle den Schwanz festhalten und bloß nicht loslassen, ansonsten würde es den Groschen nicht geben.

Da die gesamte Aufmerksamkeit einen Augenblick auf Ottokar gerichtet war, der sich mit konzentriertem Gesichtsausdruck an den schweinischen Ringelschwanz hängte, achtete niemand auf die zwei Bengel. Sie nutzten den Augenblick, um den Knoten des Seils zu lockern, mit dem das Schwein am Pfosten hing. Das Tier witterte seine Chance, gab sich und dem Seil einen Ruck und versuchte zu flüchten. Es sauste quiekend und in Todesangst über den Hof. Die versammelte Schlachtermannschaft rannte hinterher. Am Schwanz hing Ottokar, dachte an seinen Groschen, kniff die Augen zu und ließ nicht los, bis die arme Sau wieder eingefangen war.

Kalle und Helmut machten sich, nachdem sie sich das Spiel eine Weile grinsend angeschaut hatten, lieber aus dem Staub.

Zum guten Ende:

Gelsenkirchener Barock

Wie so oft sitze ich an meinem Platz auf der Eckbank, die Ellenbogen ganz breit aufgestützt, so wie du es immer bemängelt hast. Sofort überkommt mich das vertraute Gefühl der Enge, die Angst erdrückt zu werden. Ohne dass ich es will machen sich Fluchtgedanken breit: Bloß weg hier! Raus aus dem Mief und der Bürgerlichkeit, die das monströse Möbel vor mir repräsentiert. ,Gelsenkirchener Barock', das trifft es am ehesten. Ein gewaltiger Küchentisch, natürlich massiv, wie du immer betont hast, mit Besteckschublade und Einsatz. Kurz nach der Währungsreform gekauft, ,als es uns allen schon wieder besser ging'. Für 50 Mark, das war damals eine gewaltige Summe, jedenfalls für dich. „Du kannst mir glauben, Junge, ich bin jeden Monat pünktlich zum Ersten ins Möbelgeschäft gegangen und habe die Rate auf den Tisch des Hauses gelegt, immer fünf Mark, denn auf einen Jollenbeck kann man sich verlassen!"
Vorsichtig streiche ich über die Kante. Hier wurde gegessen, Kaffee getrunken, bei einem Bier diskutiert, gestritten, schon mal auf den Tisch gehauen. Hier hast du einmal im Monat mit Onkel Franz und den Kumpels Skat gespielt. Achtzehn - zwanzig - zwei - null. Ihr habt euch lautstark ausgereizt, die Karten so

fest auf den Tisch gehauen, dass ich als kleiner Junge manchmal furchtbar erschrocken war. Ich glaubte, dass jeden Augenblick eine wüste Schlägerei in Gang kommen würde. Doch ihr habt euch letztendlich immer mit der Bierflasche zugeprostet, den Korn hinterher gekippt und euch vertragen.

Hier hast du ganz still gesessen, vor dich hin gestarrt, an dem Tag als ein Teil deines Lebens von dir ging. Ich fand dich nach Mamas Beerdigung am Küchentisch sitzend. „Sie ist nicht mehr da, Junge", hast du fassungslos gemurmelt. Sonst so stark, kamst du mir hilflos und verloren vor. An diesem Tag war ich der Vater und du das Kind. Ich habe dich gehalten, bin einfach still neben dir sitzen geblieben. Zusammen haben wir die Dämmerung heraufziehen sehen. Als es ganz dunkel war bist du aufgestanden. „Ist schon gut, Junge, ich werde lernen ohne sie auszukommen. Du kannst mir nicht helfen", mit diesen Worten hast du mich weggeschickt und ich verstand, dass du allein sein wolltest.

Dort ist die Kerbe, die ich mit meinem nagelneuen Taschenmesser in einem Anflug von Protest hineingeritzt habe, weil hier immer still gesessen werden musste. Weil gegessen wurde, was auf den Tisch kam. Außer einer Tracht Prügel hat mir mein stiller Protest nichts eingebracht, doch es hat mich darin bestärkt, so schnell wie möglich weg zu kommen, all die kleinlichen Begrenzungen hinter mir zu lassen.

Mein Leben in die Hand zu nehmen und eigenverantwortlich zu entscheiden. Letztendlich hast du mich in allem unterstützt, bist da gewesen. Wenn es darauf ankam, hast zu mir gestanden, massiv und durch nichts zu erschüttern. Genau wie dieser unglaubliche Küchentisch.

Heute habe ich dich zum letzten Mal begleitet. Du hast dich niemals aufgegeben, doch zuletzt ist eine große Müdigkeit über dich gekommen. Du wolltest einfach nicht mehr, hattest genug gelebt, gekämpft, gelitten. So bist du gegangen, wohin auch immer. Es fiel dir nicht schwer, denn ohne Mutter war dir das Leben nur halb so viel wert. Irgendwann werde ich dir folgen, vielleicht kannst du ja einen Platz für mich freihalten.

Ich stütze mich auf, es ist etwas mühsam aufzustehen, doch der Tisch hilft mir dabei, mich aufzurichten. Die Oberfläche fühlt sich glatt an, ist immer noch schön poliert. Kein Wunder, du hast sie immerzu gewienert. Warst so stolz auf das Möbel, denn es repräsentierte Wohlstand und ein geordnetes Leben nach einer langen dunklen Zeit.

Weißt du was, Papa, ich werde das gute Stück nicht mit in den Sperrmüll geben. Irgendwo bei mir zu Hause findet sich ein Platz für dein Lieblingsmöbel! Ich werde mich schon daran gewöhnen und irgendwann werde ich es vielleicht sogar mögen.

Der kleine Baum

für Lia

Es war einmal ein kleiner Baum. Er wurde zuerst in ein Gewächshaus gepflanzt, sorgsam gegossen, gehegt und gepflegt. Als er stark genug war, kam er ins Freie. Hier musste er nicht allein sein, denn die größeren Bäume kümmerten sich um ihn. Schließlich war er noch klein, wie leicht hätte ihn ein Sturm entwurzeln können.

Er wuchs heran, sein Stamm wurde dicker, er verwurzelte sich mehr und mehr. Schließlich fühlte er sich groß und stark. Die älteren Bäume wurden ihm lästig, schienen ihm immer nur alles verbieten zu wollen. Das ärgerte den kleinen Baum und so beschloss er, lieber allein zu sein. Er machte sich auf den Weg, um sich einen freien Platz zu suchen.

Bald hatte er ihn gefunden. Seine Zweige streckten sich dem Himmel entgegen, er wiegte sich im lauen Wind, freute sich an der neu gewonnenen Freiheit.

Doch bald zog ein Sturm auf, rüttelte an seinen Ästen, bog sie nieder, wollte ihn fällen. Regen trommelte, Hagel schlug ihn, er drohte zu entwurzeln.

Da kamen ihm die großen, alten Bäume zu Hilfe. Sie hielten ihre starken Äste über ihn, schützten ihn vor dem schrecklichen Sturm.

Als das Unwetter sich gelegt hatte, flüsterten sie: „Geh, kleiner Baum, suche deinen eigenen Weg. Doch wenn wieder so ein schreckliches Unwetter aufzieht, dann kannst du unbesorgt zu uns kommen. Wir werden dich behüten, bis du unsere Hilfe nicht mehr brauchst.

Da nickte der kleine Baum, denn er hatte verstanden, dass die großen alten Bäume ihn nicht behindern, sondern beschützen wollten.

Angie Pfeiffer, 1955 in Gelsenkirchen geboren, ist zum zweiten Mal verheiratet und lebt heute mit ihrem Mann im Münsterland. Sie schreibt Unterhaltungsliteratur in Form von Romanen und Kurzgeschichten für Erwachsene sowie Kinderbücher. Sie hat bisher 15 Romane und zahlreiche Kurzgeschichten in Anthologien, Literaturzeitschriften und der Tagespresse veröffentlicht.
Home: angie-pfeiffer.com

Romane

Ruhrpottklüngel
Kindheit und Jugend im Herzen des Ruhrgebiets

Ruhrpottliebe
Leben und lieben zwischen Emscher und Rhein-Herne-Kanal

Ruhrpottherzen
ein Roman über Macker und Tussis, Döppken und Blagen, Hallas und Halligalli, Fissematenten, Sperenzkesund ein ganz schönes Schlamassel.

Ruhrpottabschied
Männersuche per Internet

Liebesbriefe
Briefe für ganz besondere Menschen

@Mail Verkehr
Eine humorvolle Liebesgeschichte in E-Mail
Form

Relativ verliebt - Liebe online
Liebe per Internet

Wie lange ist für immer?
Kurzgeschichten
30 Kurzgeschichten rund um das Ver - und
Entlieben.

Dackel Murphys Abenteuer
Ein Roman für große und kleine Tierfreunde

Ein Dackel namens Murphy
Ein Roman für Dackelfans, Hundelfreunde,
Katzenliebhaber und tierliebe Menschen

Insel über dem Wind
Spannende, wissenswerte und amüsante Kurzgeschichten rund um das Verreisen

Lustig bei heiter
22 Kurzgeschichten, die zum Schmunzel, Lächeln oder Lachen verleiten.

Das Buch des Lebens
In der Kürze liegt die Würze, Gedichte, Gedanken, Kurzgeschichten